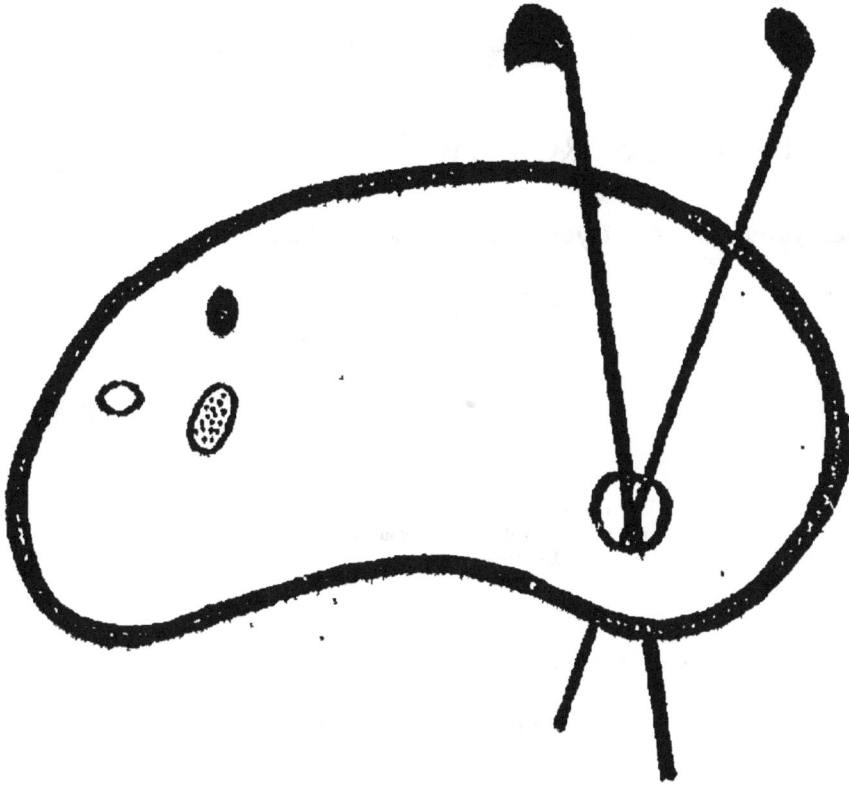

DEBUT D'UNE SERIE DE DOCUMENTS
EN COULEUR

HISTOIRE DE L'ACQUISITION

DES

TERRES NOBLES

PAR LES ROTURIERS

Dans les provinces du Lyonnais, Forez et Beaujolais

DU XIII⁰ AU XVI⁰ SIÈCLE

PAR

A. VACHEZ

Docteur en droit
Secrétaire général de l'Académie de Lyon
Bâtonnier de l'Ordre des avocats.

———

(Mémoire couronné par la Société des Études historiques)

Le tiers-état a été l'élément le plus actif et
le plus décisif de la civilisation française.
GUIZOT.

✦❈✦❈✦

LYON

A LA LIBRAIRIE ANCIENNE DE LOUIS BRUN

13, RUE DU PLAT, 13

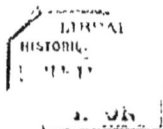

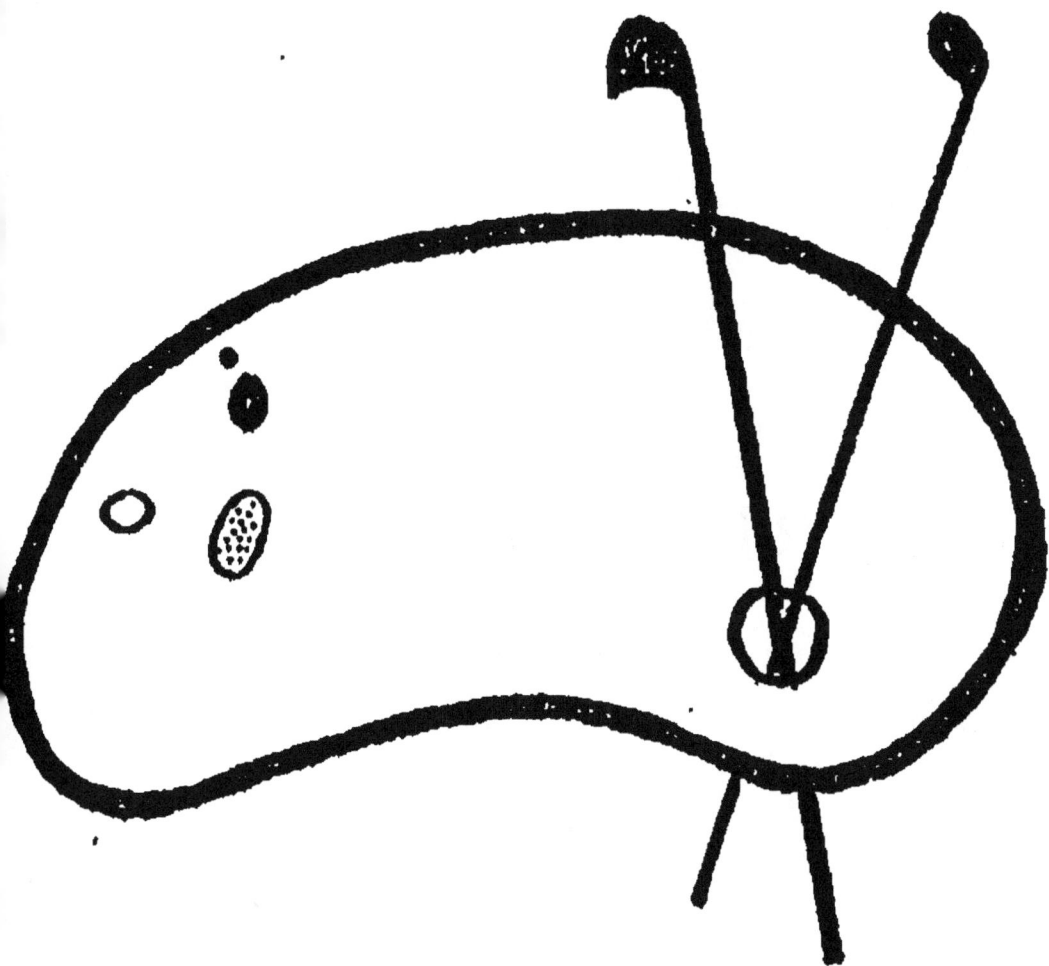

FIN D'UNE SERIE DE DOCUMENTS
EN COULEUR

HISTOIRE DE L'ACQUISITION

DES

TERRES NOBLES

PAR LES ROTURIERS

HISTOIRE DE L'ACQUISITION

DES

TERRES NOBLES

PAR LES ROTURIERS

Dans les provinces du Lyonnais, Forez et Beaujolais

DU XIIIᵉ AU XVIᵉ SIÈCLE

PAR

A. VACHEZ

Docteur en droit
Secrétaire général de l'Académie de Lyon
Bâtonnier de l'Ordre des avocats.

—

(*Mémoire couronné par la* SOCIÉTÉ DES ÉTUDES HISTORIQUES)

Le tiers-état a été l'élément le plus actif et
le plus décisif de la civilisation française.
GUIZOT.

LYON

A LA LIBRAIRIE ANCIENNE DE LOUIS BRUN

13, RUE DU PLAT, 13

—

1891

HISTOIRE

DE

L'ACQUISITION DES TERRES NOBLES

PAR LES ROTURIERS

Dans les provinces du Lyonnais, Forez et Beaujolais

DU XIIIᵉ AU XVIᵉ SIÈCLE

AVANT-PROPOS

Au mois de janvier 1889, la *Société des Études historiques* mettait au concours, pour le prix Raymond, la question suivante :

« *Étudier à une époque précise de l'ancien régime, dans une ou plusieurs régions de la France, l'acquisition des terres nobles par les roturiers.* »

L'époque et les régions étaient laissées au choix des concurrents.

Le programme faisait connaître, en outre, que la *Société des Études historiques* demandait aux concurrents d'indiquer dans quelles circonstances, avec quelles ressources et à quelles conditions ces acquisitions avaient été faites dans la région choisie par eux; quelle en avait été l'importance, sur quels

biens elles avaient porté; quelles avaient été leurs conséquences au point de vue politique, au point de vue économique et au point de vue social.

Enfin, la base essentielle du travail devait être cherchée
dans les documents originaux.

C'est sur ce plan et d'après ces données que nous avons
rédigé le mémoire suivant, qui renferme un tableau rapide de
ce grand mouvement social dans la région lyonnaise, pendant
la période embrassant le XIII° siècle et les trois siècles
suivants, mais en nous attachant plus particulièrement aux
soixante premières années du XVI° siècle.

Présenté au concours, ce mémoire a eu l'honneur de partager le prix avec ceux de deux autres concurrents, et voici dans
quels termes le rapporteur, M. J. Flach, professeur au Collège
de France, exposa dans la séance publique du 30 avril 1890,
d'une part, le véritable objet et la portée de la question choisie
par la *Société des Études historiques,* et, de l'autre, l'intérêt et
les quelques mérites qui avaient valu à notre travail la flat-
teuse distinction dont il a été honoré :

« Notre imagination moderne, a dit M. Flach, se représente
avec effort l'importance que pouvait avoir le rôle qu'a dû
jouer la propriété du sol dans les sociétés anciennes. Aujour-
d'hui, nul n'a besoin d'être propriétaire foncier pour jouir
de tous les avantages et de tous les agréments de la vie.
La fortune mobilière les lui assurera.

« Bien assise, elle n'est guère plus exposée que la richesse
en biens-fonds. Elle donne la même influence sociale, elle
peut conduire aux mêmes honneurs, elle permet de jouir de
châteaux et de palais, de jardins et de parcs, de forêts et de
plaines, sans courir les chances, les risques et les soucis de
la pleine propriété.

« Mais ce résultat, qui ne nous étonne plus, tant il nous
est familier, suppose une organisation sociale avancée, une
protection de la loi, une sécurité des personnes et des biens,
un respect de la liberté individuelle, je dirai plus, une égalité

de droits sans bornes, que nos ancêtres ont à peine soup-
çonnés.

« Que ces conditions viennent à disparaître ou à manquer,
l'homme se rejettera sur la terre, s'y cramponnera avec une
sorte de désespoir, comme le fait aujourd'hui, de l'autre côté
de la Manche, le malheureux paysan irlandais. Et pourquoi ?
La raison en est simple. S'il n'y a pas d'État tutélaire, la propriété mobilière est exposée à toutes les déprédations, c'est
le bien instable entre tous. Puis, chaque famille a besoin d'un
foyer. Qui le lui fournira, si elle n'a pas un coin de terre à
elle ? Un plus puissant, un propriétaire, qui, en l'absence d'une
véritable légalité, la tiendra à discrétion, la mettra à sa merci.
Il n'y aura pas d'intermédiaire entre le locataire et le serviteur, et bientôt entre celui-ci et le serf.

« Tel est, en effet, le spectacle que nous présente l'établissement de la féodalité dans notre pays.

« C'est une erreur très répandue de croire que, dans ces
temps lointains, la fortune mobilière n'existait pas ou n'était
pas considérable. Sous forme de bétail, de produits naturels
de toutes sortes, de vêtements, d'objets précieux, même d'or
et d'argent monnayés, elle était très probablement supérieure
comme valeur à la propriété foncière. Si celle-ci fut plus con-
voitée, c'est qu'elle échappait davantage à la spoliation. On
pouvait bien dévaster la terre, on ne pouvait pas l'emporter :
les hommes de guerre ne se souciaient même pas de l'occu-
per, et l'ancien détenteur finissait presque toujours par rentrer
en possession. Ce fut là une des principales causes pour les-
quelles les rapports des hommes, faute d'être réglés par l'État,
le furent par la terre, s'incorporèrent au sol. Et je ne parle pas
seulement des rapports du seigneur à vassal, mais de propriétaire à tenancier, de maître à serf.

« Ce lien réel une fois créé, une nouvelle période se pré-
pare, au bout de laquelle j'aperçois la Révolution française.
Dans cette période, les services dus par le détenteur du
sol à raison de sa possession vont en diminuant, par des
causes multiples (la dépréciation des prix, les rachats, les
usurpations), en même temps et à mesure que diminuent de
leur côté les services que le seigneur détenteur, comme on

l'appelle, du domaine éminent et direct, est appelé à rendre
à son subordonné ou à son sujet (services de protection, de justice, etc.). Ainsi s'accroît sans cesse le domaine utile aux
dépens du domaine direct, jusqu'au jour où il deviendra lui-
même, par l'effet de la Révolution française, la vraie propriété
franche et libre.

« Un des éléments les plus actifs de cette transformation a
été l'acquisition des terres par les roturiers. Cette acquisition se présente sous une double face.

« D'une part, les paysans et les bourgeois achètent des parcelles du domaine foncier du seigneur, et cela non pas à un
prix fixe et une fois payé, mais à charge de rentes, de cens, de
services perpétuels. Par là s'augmente chaque jour le nombre
de ceux qui ont un domaine utile et qui le transformeront
plus tard en domaine direct.

« La deuxième forme de l'acquisition consiste dans l'achat
de domaines entiers, de seigneuries entières, avec leurs dépendances légales, les titres honorifiques, les droits et privilèges
qui s'y attachent. Ces acquisitions-là ont surtout pour effet
d'affaiblir la noblesse féodale, en lui enlevant son prestige,
et en contribuant à la déposséder de sa fonction sociale. Les
titres, les privilèges, qui avaient leur raison d'être quand
ils correspondaient dans le passé aux actions d'éclat d'une
noblesse immémoriale, dans le présent aux services rendus
comme soldat et comme protecteur, ne se justifiaient plus
alors que les fiefs et les seigneuries passaient aux mains des
roturiers enrichis, qui n'avaient d'autre titre personnel que
leur fortune, d'autre fonction que l'emploi qu'ils en pouvaient
faire.   •

« Tant que ces nouveaux acquéreurs restaient en dehors de
la noblesse, ils affaiblissaient celle-ci en détenant à sa place
les biens qui donnaient l'autorité et l'influence ; quand leurs
descendants, au bout de quelques générations, entraient dans
ses rangs, sans doute la fortune d'ensemble de la noblesse se
trouvait et reconstituée et grossie, mais les vertus guerrières,
les traditions familiales, tout ce qui fait la force d'une aristocratie de race, loin de se reconstituer, continuaient à s'amoindrir.

« Suivant le point de vue qu'on envisage, on peut se féliciter de ce résultat ou le regretter.— S'en féliciter, si l'on considère les qualités de travail, d'intelligence, d'initiative que la nouvelle noblesse a pu mettre au service de l'État dans les magistratures publiques, la part qu'elle a prise à l'émancipation de la pensée, à la préparation de la société moderne. Le regretter, quand on estime que mieux eût valu maintenir l'unité de la noblesse d'épée avec sa bravoure chevaleresque, son esprit de sacrifice, sa générosité, sa prodigalité même, quand on croit que cette noblesse eût pu se transformer comme l'a fait la noblesse anglaise, et par un accord raisonné avec la bourgeoisie, le clergé et la royauté, fonder sans révolution violente des institutions de progrès stable et de sage liberté.

« Quel que soit le sentiment qu'on éprouve, une chose paraît certaine, c'est que l'acquisition des terres nobles par les roturiers a accéléré et rendu inévitable la Révolution française. Elle a désorganisé la noblesse, elle l'a réduite à l'impuissance pour le dehors et pour le dedans, elle a rendu invincibles les revendications de ces autres acquéreurs dont j'ai commencé par parler, les acquéreurs de parcelles chargées de droits féodaux. Que pouvaient, au XVIIIᵉ siècle, répondre la nouvelle et l'ancienne noblesse aux détenteurs de ces parcelles, paysans et bourgeois, quand ils repoussaient les charges dont ils étaient grevés, charges personnelles ou réelles, dégradantes ou simplement onéreuses, comme attentatoires à la justice et à la liberté, comme ne se justifiant par aucune continuité de tradition ? La conséquence était fatale, inévitable. La noblesse devait être renversée pour libérer la propriété ; la propriété devait être libérée pour renverser une noblesse parasite.

« Tel est dans ses grands traits le sujet que la *Société des Études historiques* avait mis au concours, non certes dans son ensemble ni pour la France entière, — la vie d'un homme suffirait à peine à un semblable labeur, — mais en laissant aux concurrents la liberté la plus entière de se cantonner dans une époque et dans une région.

« Cette manière toute nouvelle de poser une question de concours nous semble présenter d'immenses avantages. Elle permet aux érudits de compulser, sans déplacements, les documents qu'ils ont sous la main, elle utilise les connaissances que chacun a pu acquérir et l'intérêt plus vif que chacun ressent en étudiant l'histoire qui le touche de plus près, l'histoire de sa province ; enfin, elle évite et les visées stériles pour être trop vastes et trop hautes, et les forces perdues par la convergence trop exclusive sur un même point. Si nombreux que soient les concurrents, chacun apportera sa pierre, bien à lui, qui loin de faire tort à la contribution de son rival ou de le supplanter en la rendant inutile, se joindra à elle, s'y adaptera souvent, et permettra à un architecte futur de construire un monument plus vaste, solide et durable.

« Le nombre des concurrents qui ont répondu à notre appel prouve à lui seul que nous ne nous sommes pas trompés dans nos prévisions optimistes. Pour la première fois depuis longtemps, quatre mémoires nous ont été envoyés ! Il faut dire que l'un d'eux doit être écarté. Il a poussé la limitation à l'excès. Il se borne à une seule terre et à un seul document, qui n'est pas même entier. C'est vraiment trop peu. Mais les trois autres mémoires sont, à des titres différents, soit par l'importance et l'étendue des recherches, soit par le talent de la mise en œuvre, des travaux de sérieuse et solide valeur.

« Ils nous transportent dans trois régions différentes de la France ; à l'ouest, dans l'Aunis, la Saintonge, l'Angoumois et le Poitou ; au nord, dans la Normandie ; à l'est, dans le Lyonnais, le Beaujolais et le Forez. C'est par le mémoire consacré à cette dernière région, que je commencerai mon examen.

« Comme étendue, c'est le moins important des trois ; mais c'est aussi le plus précis, le plus élégant, le mieux composé. L'auteur va droit au but, il ne s'égare pas dans des chemins de traverse, il ne s'attarde pas le long de la route à vaguer dans les champs d'alentour. Il a bien circonscrit son sujet dans le temps, comme dans l'espace. Ce qu'il veut nous faire connaître, ce sont les grandes acquisitions territoriales de la bourgeoisie au XVI° siècle ; et il lui suffit de retracer, dans un rapide préambule, l'état social des siècles qui ont précédé.

Pourquoi le XVIᵉ siècle est-il choisi ? Parce qu'il marque l'apogée de la puissance financière des bourgeois du Lyonnais.
Ces bourgeois s'enrichissent par le négoce et par la banque.
La soierie, la draperie, les denrées coloniales, font affluer
les richesses à Lyon et puis les richesses, à leur tour, atti-
rent les banquiers italiens, les Florentins surtout. L'auteur
retrace, en un tableau vif et animé, l'histoire de ces grandes
familles de marchands et de banquiers qui vont donner, au
bout de quelques générations, des grands seigneurs à la
France : les Laurencin chez lesquels Bayard s'équipe pour
son premier tournoi, les Capponi, dont l'un, pendant la
grande famine de 1573, nourrit pendant trois mois, quatre
mille pauvres de la ville de Lyon, les Gadagne, acquéreurs
des villes et seigneuries de Saint-Galmier, Saint-Héand, à la
proverbiale fortune (on disait : riche comme Gadagne), les
Gondi, ancêtres du célèbre cardinal de Retz. Telle était la
disproportion entre la fortune de ces bourgeois et les faibles
capitaux de la noblesse de race que, lors de la mise en vente
des biens confisqués sur le connétable de Bourbon, trente-
sept seigneuries sur quarante passèrent en leurs mains, dans
les seules provinces du Forez et du Beaujolais et le pays de
Dombes.

« Quelles furent les conséquences de ce déplacement de
propriété, véritable avènement d'une nouvelle classe politique ? L'auteur en expose fort bien quelques-unes. Les acquéreurs de seigneuries et de fiefs vont devenir les meilleurs
auxiliaires de la royauté dans son œuvre d'unification politique. Ils n'ont pas les préjugés de race. Ils ne cherchent pas
à retenir des lambeaux de souveraineté. Il leur suffit de se
rapprocher de la couronne et d'exercer la part d'influence et
d'autorité qu'elle leur confère dans ses conseils et ses magistratures. Durant la Ligue, Henri IV n'a pas de plus fidèles
appuis que les Gadagne, les Camus, les Scarron.

« En même temps qu'ils soutiennent le roi et fortifient le
pouvoir central, ils enrichissent le pays. Ils l'enrichissent par
la mise en valeur des terres, par une culture meilleure, par
les somptueux châteaux qu'ils édifient, par le train de vie
qu'ils mènent.

« A ces conclusions tirées des documents qu'il a étudiés, l'auteur en ajoute une autre d'un caractère plus vague, et que, pour ma part, je ne saurais admettre. S'il fallait l'en croire, l'acquisition des terres nobles et l'anoblissement qui souvent en a été la suite proche ou lointaine auraient opéré un rapprochement, une fusion des classes, dont la Révolution française apparaîtrait comme le couronnement, et la célèbre nuit du 4 août comme la glorieuse et éclatante manifestation. C'est faire trop d'honneur à la nouvelle noblesse, de même qu'un autre concurrent va tout à l'heure la rabaisser outre mesure, en exaltant l'ancienne.....

. . . .

« Je n'ai pu donner qu'une idée très imparfaite des trois mémoires qui nous ont été soumis : leur étendue est trop considérable pour se prêter à une analyse détaillée. Qu'il me suffise de relever, en finissant, une qualité qui leur est commune à tous trois et que notre Société demandait avant tout : ils sont basés sur l'étude des documents originaux. C'est dans cette voie seulement que peut progresser la science ; et dans la limite des sujets choisis par eux nos trois concurrents l'ont fait progresser..... »

C'est sous les auspices d'une aussi haute autorité que nous livrons aujourd'hui cette étude à la publicité, en nous bornant, après avoir rectifié quelques points de détail, à la faire suivre de quelques pièces justificatives, propres à mettre en pleine lumière certains faits qui, à raison de leur haute portée et de leur intérêt, avaient appelé particulièrement l'attention des juges du concours.

INTRODUCTION

———

« L'élévation continue du tiers-état, a dit Augustin Thierry, est le fait dominant et comme la loi de notre histoire (1). » Au moyen âge, cette élévation de la classe bourgeoise ne se manifeste pas seulement au sein des villes par l'accroissement de sa fortune et la conquête des franchises municipales, elle s'étend aussi au dehors par l'acquisition de la propriété immobilière. A peine enrichi par le commerce ou l'industrie, le bourgeois se hâte d'acquérir quelques domaines, et s'il est parvenu à l'opulence, des terres seigneuriales.

De bonne heure, les documents de l'histoire nous signalent cette tendance, qui ne fit que s'accroître avec les siècles. Car le régime féodal n'est pas même encore organisé, que déjà nous sommes témoins de la vente des bénéfices (2).

Mais, pendant de longues années, nous ne voyons de ce fait que les résultats, et il nous faut arriver jusqu'à la fin du XIᵉ siècle pour retrouver les titres encore subsistants de ces mutations de la propriété féodale. Dès les premiers temps des croisades, la noblesse chevaleresque en est réduite à engager ou à vendre ses terres patrimoniales pour se créer des res-

(1) Aug. Thierry. *Essai sur l'histoire du tiers-état*, p. 160.
(2) Concilium Cabill. anno 813, chap. xxvi : *Ut ecclesiæ inter heredes non dividantur.* — Dareste. *Histoire des classes agricoles en France*, p. 299.

sources qui lui manquent. Et, alors, si les acquéreurs de ces terres sont parfois de grands feudataires, avides d'accroître leurs domaines; si parfois aussi le roi de France lui-même s'empresse, à ce moment, d'annexer quelque grand fief à la couronne, comme le fit, en 1107, Philippe Ier, en achetant la vicomté de Bourges de son vicomte Herpin (1), le plus souvent, l'acquéreur du fief aliéné n'est qu'un simple roturier.

Ainsi, au moment même où le système féodal est parvenu à son apogée, commence pour lui la période de déclin, qui se poursuivra sans doute pendant plusieurs siècles, mais que tous les événements ne feront que favoriser.

Il est reconnu aujourd'hui qu'à l'origine le droit d'acquérir des fiefs ne fut point le privilège de la classe noble (2).

Le soldat, voilà le premier possesseur du fief; voilà aussi le vrai noble des premiers temps féodaux; le nom de *miles*, qui lui est donné par les chartes du Xe et du XIe siècles, l'indique suffisamment.

Mais quand la féodalité fut régulièrement constituée, il fut établi, dans la rigueur du droit, que les fiefs ne pouvaient être possédés par les roturiers, à cause de leur incapacité de rendre au suzerain le service militaire et de l'assister dans sa cour féodale. Toutefois, cette règle, que nous trouvons déjà dans les *Assises de Jérusalem* (3), dut fléchir bientôt sous l'influence des mœurs et de la nécessité. Qui pouvait en effet mieux que le non noble, enrichi par le commerce ou l'industrie, se rendre acquéreur des terres seigneuriales, que leurs

---

(1) Guizot. *Hist. de la civilis. en France*, IV, 17° leçon.

(2) Paul Viollet. *Histoire des institutions politiques et administratives de la France*, t. I, p. 447. — Perreciot. *De l'état civil des personnes et de la condition des terres dans les Gaules*, I, p. 262. — Championnière. *De la propriété des eaux courantes*, n° 136, p. 239.

(3) Assises de Jérusalem : « Qui ne peut fié desservir ne peut fié acheter. » (*La clef des assises de la Haute-Cour du royaume de Jérusalem*, CCLV. Edit. Beugnot, t. I, p. 597.)

possesseurs, ruinés par les expéditions lointaines des croisades, étaient forcés d'aliéner ? Mais il arriva ainsi qu'avec le temps un assez grand nombre de roturiers parvinrent à pénétrer subrepticement dans le corps de la noblesse.

Sans importance à l'origine, ce mouvement s'était généralisé si bien aux XII° et XIII° siècles, qu'il finit par constituer un abus véritable, en rendant trop souvent impossible le service du fief. C'est alors que la législation essaya de l'arrêter par la création du droit de franc-fief, taxe spéciale imposée aux roturiers, quand ils faisaient l'acquisition d'un fief, mais qui, toutefois, n'était perçue au profit de la royauté que s'il existait moins de trois seigneurs intermédiaires entre le roi et le nouvel acquéreur.

Établie sous le règne de saint Louis (1), ou tout au moins par une ordonnance de Philippe le Hardi, de 1275, cette taxe n'arrêta guère la tendance de la classe bourgeoise à rechercher la possession des terres nobles. Elle ne fut avantageuse que pour le trésor. L'acquisition des fiefs par les roturiers suivit son cours, et leur possession continua à être une source fréquente de la noblesse.

D'après une règle que la Coutume de Paris exprime ainsi : « *Fiefs ne donnent pas noblesse* » (2), la possession d'une terre noble ne suffisait point, il est vrai, pour conférer la noblesse. Pendant longtemps, cette possession n'eut ainsi d'autre effet que d'affranchir des obligations auxquelles était soumis le roturier, sous la condition de demeurer sur la terre noble par

---

(1) Nous voyons ainsi que sous le règne de ce prince, Alfonse de Poitiers, son frère, devenu comte de Toulouse, fit saisir et mettre sous sa main, à plusieurs reprises, les biens nobles achetés par les roturiers, et ne les leur rendit qu'après avoir reçu de chacun une indemnité. (Boutaric. *Saint-Louis et Alfonse de Poitiers*, 526.)

(2) *Coutume de Paris*, art. 310.

lui acquise (1). Mais une concession nouvelle fut faite au
milieu du XIII° siècle. Les *Établissements de saint Louis*
autorisent, en effet, les descendants de l'acquéreur roturier à
partager à la troisième génération, c'est-à-dire au troisième
hommage rendu au suzerain, par changement de vassal, suivant les règles du partage noble, qui attribuaient un préciput
d'un tiers à l'aîné : « *Après la tierce foy, le fief se partagera
gentiment* (2). » Ce n'était là sans doute que l'un des privilèges de la noblesse et non une concession directe de la qualité nobiliaire. Mais il était si bien dans les idées du temps
que la noblesse était inhérente à la possession de la terre
noble, que c'en fut assez pour faire admettre, — non toutefois
sans quelque contestation, — que l'on pouvait acquérir ainsi
indirectement la noblesse par une sorte de prescription, si
bien que, pour supprimer ce mode d'anoblissement par inféodation, il fallut que l'ordonnance de Blois, de 1579, vint dis-
poser d'une manière absolue que la possession d'un fief ne
pourrait plus anoblir (3).

Nous allons suivre ce mouvement, d'abord pendant le cours
des XIII°, XIV° et XV° siècles, dans le Lyonnais, le Forez et
le Beaujolais, c'est-à-dire dans les trois provinces qui for-
maient, avant 1789, l'ancienne généralité de Lyon, avant
d'aborder plus attentivement l'étude de l'acquisition des
terres seigneuriales pendant le XVI° siècle, époque où de
nombreux documents nous montrent d'une manière plus précise dans quelles conditions les terres féodales passèrent aux

---

(1) Pierre des Fontaines. *Conseil à un ami*, III, 5 : « L'homme roturier,
« qui tant qu'il couche et lève sur son franc fief, est mené par la loi de
« franchise là où il tient. » V. aussi Beaumanoir, ch. xlviii . — Bouteiller.
Somme rurale, l. II.

(2) Établissements de saint Louis, I, 147.

(3) *Ordonnance de Blois*, art. 258 : « Les roturiers et non nobles ache-
« teurs de fiefs nobles ne seront pour ce anoblis, de quelque revenu et
« valeur que soient les fiefs par eux acquis. » (Isambert, t. XIV, p. 439.)

mains des bourgeois enrichis. Nous comprendrons mieux ainsi combien fut profonde cette révolution insensible, qui devait peu à peu transmettre la richesse immobilière aux classes laborieuses, dont l'invasion des barbares avait arrêté trop longtemps l'émancipation.

———————

XIII⁰ SIÈCLE

Premières acquisitions de fiefs par des roturiers. — Autorisation du comte
de Forez. — Établissement du droit de franc-fief. — Condition des
nouveaux acquéreurs. — Ruine des familles chevaleresques. —
Exemples. — Grandeur et décadence des nouveaux possesseurs de
fiefs. — La famille du Vernet.

Nous ne connaissons guère d'acquisitions de terres seigneuriales par des roturiers, dans l'ancienne généralité de Lyon,
antérieures au milieu du XIII⁰ siècle. C'est qu'avant cette
époque le droit de franc-fief n'existe pas encore, et qu'il suffisait à l'acquéreur non noble d'obtenir une simple autorisation du seigneur suzerain immédiat, quand il se rendait
acquéreur d'une possession tenue à titre de fief.

Nous voyons que cette autorisation est donnée ainsi, pour
la première fois, en 1243, par Guy V, comte de Forez, à
Guillaume du Vernet, bourgeois de Montbrison, et à ses
frères, aussi simples bourgeois de la même ville, auxquels il
permet de se rendre acquéreurs, dans la province du Forez,
de fiefs relevant de sa suzeraineté (1).

Mais, à compter de ce moment, ces autorisations sont fréquemment accordées par les comtes de Forez.

Au mois de février 1263 (n. st.), c'est à un simple agri-
culteur, Pierre de Pliveis *(quondam agricole ignobili)*, que
le comte Renaud donne l'autorisation d'acquérir les biens et
droits relevant de son fief, que lui avait cédés Simon de *Festo,*

(1) Ego Guido, comes Forensis...., dedimus et concessimus dilectis nostris Wuillelmo de Verneto, burgensi Montisbrisonis, et fratribus ejus et
eorum heredibus ut quidquid in comitatu nostro de feudis nostris vel à
quibuscunque aliis rebus acquisierint, hoc eis sit licitum (1243). *Cartul.*
des francs-fiefs du Forez, ch. LXXXVI).

bourgeois de Montbrison (1), qui avait acquis lui-même, en 1260, de Guy de Thiers, la seigneurie de Goincel, à Poncins (Loire) (2).

Au mois de mars 1267, le comte Renaud confirme de même la vente des fonds et droits nobles acquis par Jomar Pontanier, bourgeois de Saint-Galmier, d'Étienne de Saint-Priest, damoiseau (3).

Au mois de septembre de l'année suivante, le même prince confirme pareillement la vente de biens nobles situés dans les paroisses de Tourzy et de Vivans en Forez, consentie par Hugues de Saint-Albin, Geoffroy de la Curée et Héloïse, son épouse, à Pierre de Saligny, bourgeois de Saint-Haon-le-Châtel, qui devait les tenir en franc-alleu (4).

Enfin, au mois d'août de la même année, le comte Renaud autorise encore Barthélemy Alayson, bourgeois de Montbrison, à acquérir de Guillaume d'Albigny certaines terres tenues à foi et hommage envers le comte, qui se réserve expressément tous ses droits de seigneur suzerain *(salvo jure nostro feudali, consentimus)* (5).

Jusqu'à ce moment, il n'est point encore question du droit pécuniaire de franc-fief.

C'est ainsi qu'au mois d'août 1276, c'est-à-dire postérieure-

(1) Février 1263. — Concessio et approbatio facta Petro de Plyveys, quondam agricole ignobili, super rebus que erant de feodo comitis Forensis, quas acquisiverat idem P. a Symone de Festo. (*Cart. des francs-fiefs du Forez*, ch. LXIII).

(2) Cabinet de M. de Poncins (V. *Cart. des francs-fiefs du Forez*, p. 280.)

(3) *Cartul. des francs-fiefs du Forez*, ch. XXXIX : Confirmatio de rebus, terris translatis de nobili in ignobilibus, quas aquisivit Jomarus Pontanerii a Stephano de Sancto Prejecto, domicello.

(4) *Cartul. des francs-fiefs du Forez*, ch. XXXIV. — Huillard Bréholles. *Inventaire des titres de la maison ducale de Bourbon*, nº 470. — Noms féodaux. Vº *Saligny*.

(5) *Cartul. des francs-fiefs du Forez*, ch. LXIX.

ment à l'ordonnance de 1275, Guy VI, comte de Forez, confirme encore, sous la seule réserve de son droit d'arrière-fief,
l'acquisition de droits seigneuriaux cédés à Hugues Bade,
bourgeois de Saint-Haon-le-Châtel, par Jean, seigneur de
Châtelus. En effet, en consentant à apposer son sceau sur
l'acte de vente, le comte déclare faire droit seulement aux
prières des parties *(ad preces dictorum venditorum et lauda-
torum sigillum nostrum apponimus huic carte)* (1).

Mais l'année suivante, il en est autrement. Le comte ne
consent à accorder son approbation à l'acquisition de terres
nobles par des roturiers que sous la condition expresse du
paiement du droit de franc-fief. Et comme il paraît qu'à l'o-
rigine la perception de ce droit souffrit quelques difficultés,
au moins pour la fixation de la taxe à percevoir (2), nous
voyons qu'un traité intervient ordinairement à cet égard entre
le suzerain et ses nouveaux vassaux.

Au mois de décembre 1277, le comte Guy VI reconnaît
ainsi avoir reçu satisfaction pécuniaire de Martin Gayt, cha-
pelain de l'église de Sainte-Madeleine, à Montbrison, conformément à l'ordonnance du roi de France *(secundum ordina-
tionem domini regis Francie)*, pour tous les droits féodaux
relevant du comte, que ledit Martin Gayt ou ses prédécesseurs avaient acquis de nobles ou non nobles, depuis trente
ans, soit à titre de fiefs ou arrière-fiefs, soit à titre d'alleux.

Même traité intervient le même jour et pour la même cause
avec Étienne Alayson et Barthélemy Alayson, bourgeois de
Montbrison.

De même, le comte reconnaît par le même acte avoir reçu
de Mathieu du Vernet, aussi bourgeois de Montbrison, toutes

---

(1) *Cartul. des francs-fiefs du Forez*, ch. xxi.
(2) La taxe du droit de franc-fief était de trois années de revenu, dans
le cas où le non noble faisait le service du fief, et de quatre années, s'il ne
le faisait pas. (H. Beaune *De la condition des biens*, p. 196 et suiv.)

les taxes de franc-fief que lui devait ce dernier, pour les acquisitions de fiefs, arrière-fiefs et alleux nobles, faites par lui depuis trente ans dans la province du Forez.

Enfin, même reconnaissance est délivrée à Martin Ogier, aussi bourgeois de Montbrison, pour tous les droits qu'il possédait au même titre et depuis la même époque. *(Item dictus comes recepit financias et satisfactionem competentem.)* (1).

Par un autre acte du même mois et de la même année, le comte Guy VI reconnaît aussi avoir traité à l'amiable avec Jomar Pontanier, bourgeois de Saint-Galmier, et avoir reçu de ce dernier la somme de 40 livres viennoises, payée en deniers comptants, pour tous les acquêts qu'il avait faits depuis trente ans, soit de possesseurs nobles, soit de simples roturiers, en fiefs, arrière-fiefs ou alleux, conformément à l'ordonnance du roi de France (2).

Même droit est payé, au mois de décembre 1277, par Guillaume de Montverdun, chantre de Montbrison, pour les biens en nature d'alleux qu'il avait acquis, dans diverses localités du comté de Forez, avec l'approbation de Guy, ancien comte, décédé (3).

Pourtant, même postérieurement à cette époque, certaines chartes d'autorisation, accordée à des acquéreurs roturiers de biens nobles, sont encore muettes sur le paiement du droit de franc-fief.

---

(1) *Cartul. des francs-fiefs du Forez*, ch. c.

(2) Nos G. comes Forensis, notum facimus universis quod Jaumarus Pontanerii, burgensis noster de Sancto Baldomerio, nobiscum concordavit et nobis plenarie satisfecit et solvit XL libras viennensium in pecunia nummata pro universis et singulis conquerementis que ipse fecit seu acquisivit à XXX^ta annis citra a nobilibus personis seu quibuscumque aliis, sive sint feuda, retrofeuda ac aloda. (*Cartul. des francs-fiefs du Forez*, ch. xciv.).

(3) *Cartul. des francs-fiefs du Forez*, ch. cii.

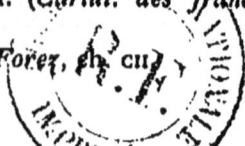

Ainsi, aucune mention n'en est faite dans un acte du 23 mars 1282, en langue vulgaire, par lequel Jeanne de Montfort, duchesse douairière de Forez, approuve l'acquisition faite par Jomar Pontanier, bourgeois de Saint-Galmier, d'une maison vendue par Guigue d'Angerez, et située dans le châtel de cette ville, ainsi que de deux autres maisons situées dans le bourg de la même ville et relevant dudit Guigue d'Angerez, mais étant de l'arrière-fief du comté de Forez *(les quals choses vendues sunt de nostre fié)*, que la comtesse réservait expressément (1).

De même, le 26 juin 1286, Jeanne de Montfort et son second mari, Louis de Savoie, approuvent encore, sans qu'il soit fait aucune mention du droit de franc-fief, l'acquisition faite par le même Jomar Pontanier, de deux autres maisons, l'une, située sur la place du marché de la ville de Saint-Galmier et cédée par Guillaume de Roussillon, chevalier, et l'autre, acquise par le même du seigneur B. d'Essertines (2).

Mais il n'y a là sans doute qu'un simple oubli du scribe. Car d'autres chartes postérieures émanant des mêmes suzerains en font, au contraire, une mention expresse. Tel est notamment un acte du 1er mai 1290, par lequel Jeanne de Montfort reconnaît avoir reçu hommage de Durand Tixier, de Cervières, pour tous les droits et rentes par lui acquises de son fief, depuis la mort de son père, Guy VI, comte de Forez et antérieurement. Car la comtesse reconnaît en outre avoir reçu du nouveau possesseur de ces droits féodaux la somme de cent sous viennois (3).

Quoi qu'il en soit, comme on le voit par ces divers documents, les comtes de Forez, en leur qualité de hauts barons, jouissaient pleinement du droit de franc-fief. Pourtant, ce

(1) *Cartul. des francs-fiefs du Forez*, ch. XL.
(2) *Ibid.*, ch. XLI.
(3) *Ibid.*, ch. CI.

droit leur fut contesté, en 1298, par les commissaires du roi, qui prétendirent qu'il n'appartenait qu'au souverain. Mais sur la réclamation faite par le comte, le roi lui confirma ce privilège, que Louis II, duc de Bourbon et comte de Forez, exerçait encore en 1382 (1).

Mais quels étaient ces nouveaux possesseurs de terres féodales, que nous voyons ainsi, pendant un demi-siècle, s'élever au-dessus des hommes de leur classe? Parmi eux se trouvaient incontestablement plus d'un simple paysan, comme ce Pierre de Pliveis, dont les acquisitions de terres nobles furent approuvées, ainsi que nous l'avons vu, au mois de février 1263, par le comte Renaud (2). Le plus grand nombre néanmoins s'étaient enrichis dans le commerce; car presque tous sont des bourgeois de quelques villes du Forez, où existaient à cette époque des industries et des commerces qui ont complètement disparu de nos jours (3). D'ailleurs, il est constant que Mathieu de Fuer, bourgeois de Lyon, qui acquit, en 1259, du chapitre métropolitain, la seigneurie de Pollionay en Lyonnais, appartenait à la corporation des pelletiers de notre ville (4). Et c'est dans cette classe laborieuse, attachée pendant une longue suite de générations au même métier, que désormais nous retrouverons presque toujours les acquéreurs de ces terres, qui échappaient aux vieilles races féodales.

----

(1) Huillard Bréholles. *Inventaire des titres de la maison ducale de Bourbon.* I, nº 1002. — Archives nationales, P. 1402, nº 1202. — *Cartul. des francs-fiefs du Forez.* Introduction par le comte de Charpin-Feugerolles, p. XVI. — Barban. *Recueil d'hommages du comté de Forez*, p. 45. (*Mémoires de la Diana*, t. VIII, 1885.)

(2) V. p. 14. — Dareste. *Hist. des classes agricoles en France*, p. 285.

(3) C'est ainsi qu'autrefois il existait à Feurs un grand commerce de peaux et de fourrures, qui a disparu depuis longtemps. (Broutin. *Hist. de Feurs*, 286.) — V. aussi Duguet. *Mémoire inédit sur la ville de Feurs*, p. 31 et suiv. (*Mémoires de la Société de la Diana*, t. VI.)

(4) *Cartulaire municipal de Lyon*, 462. — Menestrier. *Hist. civile et consulaire de Lyon*, 372. — Bréghot du Lut. *Nouveaux mélanges*, 262.

On a répété souvent, d'une manière générale, que la noblesse chevaleresque fut réduite peu à peu à vendre ses biens patrimoniaux. Mais, nulle part, cette nécessité n'apparaît d'une manière plus saisissante que dans l'acte de vente consentie, le 21 septembre 1258, par la veuve et les enfants de Guillaume de Sénesches (1), chevalier, à deux bourgeois de la petite ville de Saint-Haon-le-Châtel en Forez. Dans cet acte, en effet, il est exposé dans des termes émus, que l'on n'est guère habitué à rencontrer dans nos vieilles chartes, que le chef de cette famille était mort en laissant à ses enfants de lourdes dettes à payer *(gravibus debitis onerati);* sa succession mobilière ne pouvait suffire à les acquitter, et personne ne voulait consentir un prêt, même sous la garantie d'un gage ou d'une hypothèque. Aussi, sa veuve Alix avait-elle dû être autorisée par un décret rendu par Albert de la Forêt, lieutenant du comte de Forez, à vendre au nom de ses enfants mineurs à Pierre et Ponce de Saligny, bourgeois de Saint-Haon, la terre en franc-alleu de Bléternay, située sur le chemin de Saint-Haon à Aiguilly, ainsi que la propriété d'un pré et d'un bois, au prix de 50 livres viennoises (2).

Le sort de cette pauvre famille ne fut point sans doute un fait isolé. Toujours armés et en campagne, les possesseurs des petits fiefs épuisaient vite leurs ressources et marchaient à une ruine inévitable, pendant que la classe bourgeoise, uniquement occupée de ses intérêts, s'élevait peu à peu à la fortune et aux honneurs.

(1) Le nom patronymique de cette ancienne famille chevaleresque était Groignon, qu'avait remplacé celui de la terre de Senesches, aussi appelée Sénoches, qu'elle possédait sur le territoire de Saint-Romain-la-Motte, près de Saint-Haon-le-Châtel (Loire). (V. *Cartul. des francs-fiefs du Forez*, p. 266 et 288.)

(2) *Cartul. des francs-fiefs du Forez*, ch. xx. — Huillard-Bréholles *Invent. des titres de la maison de Bourbon*, n° 361. — Voyez *Pièces justificatives*, n° 1.

Mais ici, comme partout, l'homme est livré aux hasards des évènements et de la fortune.

Pour compléter ce tableau, voyons quelle fut la destinée de cette famille bourgeoise, qui succédait ainsi à une famille chevaleresque. Des deux frères de Saligny, Pierre, l'aîné, ne laissa qu'une fille, après avoir acquis, comme nous l'avons vu (p. 15), divers biens nobles qui lui furent cédés par Hugues de Saint-Albin, Geoffroy de la Curée et Héloïse, sa femme. Le second, Ponce de Saligny, dont le nom figure à la suite de la charte de franchises de Saint-Haon, de l'an 1270, ne porta, comme son frère, que la simple qualification de bourgeois de cette ville. Et il en fut de même de son fils Pierre et de son petit fils Jean, qui vivait en 1357. Mais, trente ans plus tard, le fils de ce dernier, Étienne de Saligny, prend le titre de *damoiseau,* avec celui de seigneur de Saligny et de Rodon, quand il rend hommage, le 3 octobre 1390, à Guy de Damas, seigneur de Cousan, pour plusieurs cens et servis qu'il possédait à Saint-Haon-le-Châtel, sous le nom de *fief de Saligny,* ainsi que pour divers cens sur les tènéments de la Colonge, la Piney, Jay et Brialles (1). Nous le voyons encore renouveler cet hommage, en 1441, à Eustache de Lévis, seigneur de Cousan, pour les terres qu'il possédait dans la paroisse de Saint-Romain (2). Mais à peine cette famille est-elle entrée dans l'ordre de la noblesse qu'elle déchoit à son tour. Le 14 juillet 1441, le même Étienne de Saligny en est réduit à vendre son fief ou seigneurie de Saligny, située sur les paroisses de Saint-Romain et de Saint-Haon, au prix de 800 écus d'or. Et l'acquéreur, c'est encore un simple roturier, Jean Dinet, bourgeois de Crozet, et receveur des tailles et aides

---

(1) De la Mure. Mss. *Topographie,* p. 42 (*Biblioth. de la Diana*).— Alph. Coste. *Essai sur l'histoire de la ville de Roanne,* p. 118.)

(2) *Archives du Roannais.* — Alph. Coste. *Essai sur l'histoire de la ville de Roanne,* p. 127.

au pays d'Auvergne. Mais ces terres ne demeurèrent pas longtemps aux mains du nouvel acquéreur. Dès l'année 1450, Jean Dinet était obligé lui-même d'en vendre une partie à Jacques Cœur, qui les annexa à sa terre de Boisy (1). Quand il mourut, il demeurait débiteur envers le roi de la somme de 10,952 livres ; aussi ce qu'il possédait encore de la terre de Saligny fut-il vendu par décret, pour acquitter cette dette, et adjugé le 20 mai 1461 à Guillaume Gouffier, chevalier, seigneur de Boisy, premier chambellan du roi et sénéchal de Saintonge (2).

Voilà, dans un tableau réel et d'après des document authentiques, à quels changements de possesseurs étaient destinées les terres féodales au moyen âge. Les familles roturières, qui ont remplacé les familles chevaleresques, ruinées après quelque temps comme ces dernières, sont remplacées à leur tour par de nouvelles familles, que la fortune ou la faveur du prince élèvent au premier rang. Aussi, ce n'est pas sans raison que nos aïeux avaient coutume de dire en pareille matière : *Cent ans bannière, cent ans civière.*

Parmi ces dernières familles, il en est une, que nous ne pouvons passer sous silence : c'est celle des du Vernet, dont le nom nous est déjà connu.

D'après une généalogie inédite laissée par P. Gras, son premier auteur connu serait Hugues du Vernet, simple bourgeois de la ville de Montbrison, qui fut affranchi, en 1227, par Guy IV, comte de Forez, avec ses frères Thomas et Pierre et les enfants d'Étienne du Vernet, de tous les droits de péages, leydes et coutumes dans le ressort du comté de Forez (3).

---

(1) *Archives du Roannais.* — Guillien. *Recherches historiques sur Roanne et le Roannais,* p. 78. — Noëlas. *Dictionnaire géographique du canton de Saint-Haon-le-Châtel.* V° *Saligny.*

(2) *Archives du Roannais.* — *L'Ancien Forez,* t. III, p. 297 et suiv.

(3) *Bibliothèque de la Diana.* Mss.

Son fils Guillaume, qui avait reçu du comte Gui V la mission de gérer ses affaires, obtint dès l'année 1243 le droit d'acquérir des fiefs dans la province du Forez (1). En 1248, le même comte lui fit don, pour le récompenser de ses services, de certaines rentes dans la châtellenie de Lavieu (2), de tous les droits qu'il avait à Saint-Thomas, où cette famille posséda longtemps le château de la Garde (3). Au mois d'avril 1258, le comte lui donne encore la terre de Rivas-sur-Loire (4), mais sans l'anoblir toutefois ; car en 1277, il est tenu au paiement du droit de franc-fief. Bien plus, il est encore qualifié de bourgeois de Montbrison, quand il reçoit du comte Guy IV la terre de Champs, sur laquelle ce dernier déclara n'avoir aucun droit de bans, cri, chevauchée ou de vingtième (décembre 1277) (5). Mais cet anoblissement eut lieu, en 1290, au profit de son fils, Pierre du Vernet, que le comte Jean Ier arma chevalier (*per traditionem ensis*), en même temps qu'il rendait hommage à ce prince pour la seigneurie de Grézieu-le-Fromental (6).

Telle fut la brillante fortune de cette famille bourgeoise. Mais, à la différence des Saligny, bientôt disparus, les du Vernet fournirent une longue et brillante carrière, et ce ne fut qu'au XVIIe siècle qu'ils s'éteignirent, sans avoir connu les revers de fortune, que subirent un si grand nombre de nos plus anciennes familles féodales.

(1) *Cartul. des francs-fiefs du Forez*, ch. LXXXVI.

(2) De la Mure. *Hist. des ducs de Bourbon et des comtes de Forez*, I, 248.

(3) Huillard-Bréholles. *Invent. des titres*, etc., n° 405.

(4) *Cartul. des francs-fiefs du Forez*, Supplément, ch. XLIX. — Huillard-Bréholles. *Inventaire*, etc., nos 357 et 1456.

(5) Huillard-Bréholles. *Invent. des titres de la maison de Bourbon*, n° 634 A. et 1756.

(6) Mss. de la Diana. *Généalogie des du Vernet.* — Barban. *Recueil d'hommages, aveux et dénombrements des fiefs du comté de Forez*, p. 44.

XIV⁰ SIÈCLE

Troubles et malheurs de cette époque. — Défaut de sécurité dans les campagnes. — Deux familles consulaires. — Les Varey et les Villeneuve.

Le **XIV**ᵉ siècle fut un temps bien moins prospère que le siècle qui l'avait précédé. Aussi la classe bourgeoise, qui subît comme la noblesse les malheurs de cette époque, semble-t-elle moins portée à acquérir des terres seigneuriales, qui soumettaient leurs possesseurs à une vie militante, à laquelle les affaires de leur négoce ne les avaient guère préparés.

D'ailleurs, à Lyon, les trente dernières années du XIIIᵉ siècle et les vingt premières du siècle suivant furent remplies par les luttes incessantes, qui s'agitèrent entre le pouvoir archiépiscopal et les bourgeois de cette ville, pour faire recouvrer, dans toute leur plénitude à ces derniers, leurs anciennes franchises municipales.

A peine est signée la charte de 1320, à peine est organisée la commune lyonnaise, que survient la guerre de Cent ans; puis aux ravages de la peste succèdent les dévastations des Routiers et des Tards-Venus, et les inquiétudes incessantes que provoque avec raison la triste situation du pays, et dont nous retrouvons encore la trace dans nos registres consulaires.

Tout cela n'était guère fait assurément pour arracher nos marchands lyonnais à leurs comptoirs et leur faire acquérir des manoirs féodaux, exposés sans cesse à être pillés et dévastés.

Pourtant, les deux plus puissantes de nos anciennes familles lyonnaises ont fourni à cette époque des possesseurs de fiefs, les Varey et les Villeneuve.

Les Varey, qui appartenaient, comme ces derniers, à la corporation des drapiers, avaient fourni déjà plusieurs conseillers de ville aux temps héroïques de la commune lyonnaise, quand, en l'année 1306, Guillaume de Varey acquit de Jean de Varennes les terres d'Avauges et de Varennes, à Saint-Romain-de-Popey, avec tous les droits qui relevaient de ces deux seigneuries dans les paroisses de Saint-Forgeux, Villechenève, Ancy, Montrottier, Longessaigne et généralement tout ce que possédait le vendeur depuis la Saône jusqu'au pont d'Alaïs (1).

Devenu possesseur de ces deux fiefs, Guillaume de Varey, qui vivait encore en 1334, n'en continua pas moins à porter la simple qualification de bourgeois de Lyon, et à prendre une part active à la gestion des affaires communales. Et il en fut de même de son fils nommé Guillaume (1348) (2). Mais le fils de ce dernier, Ennemond de Varey, seigneur d'Avauges, prit toujours le titre nobiliaire, comme la coutume s'en était introduite en vertu du privilège de la *tierce-foi*.

Une autre branche de la même famille, bientôt fondue dans celle des seigneurs d'Avauges, posséda aussi, dans le cours du même siècle, la seigneurie de Châtillon-d'Azergues. Mais c'était là encore une branche détachée d'une souche bien bourgeoise. Car l'acte de vente du tènement de Bellecour, à Lyon, consentie le 16 mars 1370 à Jean Le Viste, docteur en droit, par Jean de Varey, co-seigneur de Châtillon-d'Azergues, donne la simple qualification de bourgeois de Lyon, soit à Louis de Varey, père du vendeur, soit à Humbert de Varey, son frère, alors que Jean de Varey prend dans le même acte, ainsi que dans son testament du 17 mars 1381, le double titre de *noble* et de *chevalier*, avec celui de seigneur de Châtillon-d'Azergues (3).

(1) Claude Le Laboureur. *Mazures de l'Ile-Barbe*, II, p. 617.

(2) *Archives municipales. Registres consulaires.* — De Valous. *Origines des familles consulaires*, p. 83.

(3) *Grand cartulaire de l'abbaye d'Ainay*, ch. CCLXXXV. — Archives du Rhône. *Testamenta*, anno 1381. — *Mazures de l'Ile-Barbe* (nouv. édit.) t. I, p. 657 et 658.

Ce n'est point là d'ailleurs un fait isolé. A cette époque, il arrivait fréquemment qu'un membre d'une famille riche était anobli par inféodation, tandis que les autres demeuraient de simples bourgeois. Si les Varey d'Avauges et de Châtillon sont parvenus de bonne heure à la noblesse, les autres branches de cette famille n'y sont arrivées que par le consulat, à l'exception toutefois de celle des seigneurs de Rontalon, que nous retrouvons plus loin.

Il en fut de même des Villeneuve. En 1360, Aynard de Villeneuve, conseiller de ville, en 1340, 1350, 1358, 1359 et 1370, est devenu aussi possesseur du fief d'Yvours, près d'Irigny (Rhône), qui appartenait auparavant à la famille chevaleresque d'Aulgerolles, et qu'il transmit à ses descendants, aux mains desquels il se trouvait encore deux siècles plus tard. Mais jusqu'au milieu du XVᵉ siècle, nous ne trouvons dans aucun acte la qualification nobiliaire donnée aux membres de cette famille, qui continua longtemps après à fournir des conseillers de ville, et dont l'un de ses membres, Alexandre de Villeneuve, figure encore comme épicier dans le syndicat de 1598 (1).

Quoi qu'il en soit, cette acquisition des fiefs d'Avauges, de Varennes, de Châtillon-d'Azergues et d'Yvours, par les Varey et les Villeneuve, suffit pour nous montrer l'attrait puissant exercé, même dans les temps les plus difficiles, sur nos familles bourgeoises, par la possession des terres seigneuriales, dès qu'elles avaient acquis une fortune leur permettant de vivre noblement.

---

(1) Archives municipales. *Registres consulaires.* — De Valous. *Origines des familles consulaires*, p. 86. — On appelait *syndicat* le procès-verbal de l'élection des maîtres des métiers et des conseillers de ville.

XV• SIÈCLE

Relèvement du pays. — Exploitation des mines. — Les Jossard. — Exploitations de Jacques Cœur dans le Lyonnais. — Les Baronnat. — Les Syvrieu. — Autres familles consulaires.

Malgré la continuation de la guerre de Cent ans, le XVᵉ siècle fut, pour nos pays, un temps moins malheureux que la période précédente.

Aussi, dès les premières années de ce siècle, voyons-nous Claude de Pompierre, bourgeois de Lyon et conseiller de ville, en 1416, devenir possesseur de la seigneurie de Pollionay.

D'ailleurs, à cette époque, une nouvelle source de richesse prend une grande importance : l'exploitation des mines. Déjà, en l'année 1348, nous voyons Guichard de la Mure, possesseur d'un fief au Mont-d'Or, se qualifier de *mineur* dans son testament, par lequel il lègue à son ami, Guillaume Chouchard, aussi mineur, tous ses vêtements et ses outils propres à l'exploitation des mines *(ad minium)* (1). Mais nous ne savons rien de plus sur ce personnage et son exploitation.

Au nombre de ceux qui se sont livrés, les premiers, à cette industrie figure d'abord Hugues Jossard, bachelier en droit et l'un des témoins du syndicat ou acte de l'élection du corps consulaire de 1393.

Comment ce juriste, qui exerça les fonctions de lieutenant du bailli de Mâcon, puis celles de juge du ressort de Lyon, auxquelles il fut promu le 9 juin 1394 (2), put-il se livrer à

(1) Archives du Rhône. *Testamenta*, ann. 1348. — *Mazures de l'Ile-Barbe*, p. 465.

(2) Guichenon. Mss., t. XII, nᵒ 67 (Bibliothèque de l'École de médecine de Montpellier).

une exploitation qui, au premier abord, semble si peu com-
patible avec ses fonctions? Peut-être ce fait est-il dû aux
hasards des événemunts. Ce qui est certain, c'est qu'à une
époque qui n'a pu encore être bien déterminée, mais qui, dans
tous les cas, est antérieure à l'anoblissement qui lui fut con-
féré par lettres royales du 27 juillet 1398 (1), il découvrit une
mine de plomb à Brullioles (Rhône), et que cette découverte
fut suivie, quelque temps après, de celle d'une autre mine à
Sourcieux, près de Sain-Bel (2). Ce qui est certain aussi, c'est
que, malgré les difficultés que présenta à ses débuts cette
double exploitation, il y trouva la fortune, et que c'est avec
les ressources qu'elle lui procura qu'il put acquérir, d'abord
avant son anoblissement, la co-seigneurie de Châtillon-d'A-
zergues, dont il rendit hommage en 1400 (3), puis en 1405,
la moitié de la seigneurie et les droits de juridiction de Saint-
Symphorien-le-Châtel, qui lui furent vendus par Eudes de
Tournon, chevalier, seigneur de Beauchâtel et de Serrières,
au prix de 3,000 écus d'or (4).

Son fils Jean Jossard, qui fut comme lui co-seigneur de
Châtillon-d'Azergues, continua l'exploitation des mines, et
s'il n'est pas établi, comme on a été tenté de le croire, qu'il
ait été associé avec Jacques Cœur pour l'exploitation des
mines de Pampalieu (Pampailly), à Brussieux, et de celles de
Cone, à Brullioles (Rhône), il est certain qu'il posséda ces
mêmes mines, tout au moins pour les avoir acquises des héri-

(1) Archives du Rhône, C. 739.
(2) Archives du Rhône. Reg. B. H. 23. (n° 57, p. 23. — Poyet. *Documents pour servir à l'histoire des mines des environs de Lyon*, p. 24.
(*Mémoires* de l'Académie de Lyon de 1861, classe des sciences.)
(3) N. de Nicolay. *Description générale du gouvernement de Lyon*,
p. 75.
(4) Archives historiques du Rhône, V. 133. — *Mazures de l'Ile-Barbe*,
228 et 280. — V. de Valous. *Anoblissement d'un mineur lyonnais, en
1398*.

tiers du célèbre argentier, auxquels elles furent restituées, avec ses autres biens, en 1457; car, dans son testament du 3 novembre 1464, Jean Jossard lègue à ses deux filles, Françoise et Jeanne, les revenus des mines « de Cona et de Pampalieu (1). »

Mais si l'association de Jacques Cœur avec les Jossard, pour l'exploitation des mines de Cone et de Pampailly, n'a pas été démontrée, il en est autrement de celle qu'il forma avec les frères Jean et Pierre Baronnat, marchands de Lyon (2), pour les mines de Joux-sur-Tarare et celles de Saint-Pierre-la-Palud, et de Chessy (Rhône). Car, lorsque les biens de Jacques Cœur furent confisqués, on dut réserver la part de ses associés, dont les descendants continuaient encore l'exploitation de ces mines en 1525 (3), et qui réalisèrent ainsi une fortune qui leur permit d'acquérir, au siècle suivant, comme nous le verrons, plusieurs terres seigneuriales.

Une troisième famille, enrichie par l'exploitation des mines, fut celle des Syvrieu. Nous voyons en effet qu'en 1400, Louis II de Bourbon, comte de Forez, accorda sous certaines

---

(1) Archives du Rhône. Extrait des causes pies : Mss. de Claude Le Laboureur : *Mazures de l'Ile-Barbe* (nouv. édit.), t. I, p. 515. — La montagne de Pampalieu est située sur le territoire de la commune de Brussieux (Rhône), entre le village de ce nom et la rivière de Cone. Cette situation est nettement indiquée sur la carte du canton de Saint-Laurent-de-Chamousset, dressée par M. Rembielinski, qui donne à cette montagne le nom de *Pampailly*. — Sur l'exploitation de ces mines, au XV⁰ siècle, on lira avec intérêt un savant travail publié par M. Siméon Luce dans la *Revue des questions historiques* (numéro du 1ᵉʳ janvier 1877).

(2) Il est certain, par le syndicat de 1451, que Jean Baronnat était *drapier*. C'est donc par suite d'une mauvaise lecture que, dans le remarquable travail de Pierre Clément sur *Jacques Cœur et Charles VII*, les deux frères Baronnat sont qualifiés de *maréchaux*, au lieu de *marchands* (v. p. 413). Cette erreur, reproduite par M. Poyet (*loc. cit.*), n'a pas été commise par M. Siméon Luce, dans le travail cité plus haut.

(3) V. de Valous. *Le domaine ordinaire de Lyonnais au commencement du XVI⁰ siècle*, p. 16.

conditions à Ennemond de Syvrieu, bourgeois de Lyon, l'exploitation des mines de plomb, d'étain, de cuivre, d'or et d'argent et de tout autre métal, pouvant exister dans le pays de Forez (1).

Le concessionnaire de ces mines, qui appartenait à une famille, qui comptait des *ferratiers* parmi ses membres, fut élevé douze fois aux honneurs du consulat, entre les années 1396 et 1423, et nos registres municipaux nous apprennent notamment que *son ouvroir* fut honoré d'une séance consulaire, le 4 mai 1418 (2). Son fils, aussi nommé Ennemond dit *le Jeune*, pour le distinguer de son père et qui fut aussi conseiller de ville en 1429 et 1431, possédait, nous ne savons à quel titre, le port de Vimy, aujourd'hui Neuville-sur-Saône (Rhône), avec divers droits aux environs de cette petite ville. Or, le 19 février 1423 (n. st.), il céda tous ces droits à Galésine de Sure, époux de défunte Françoise de Montdor, stipulant au nom de sa fille mineure, Aymare de Montdor, en échange du château et de la seigneurie de Rontalon, avec toutes ses dépendances et droits de juridiction (3).

Ce fut ainsi qu'un simple bourgeois de Lyon succéda, dans la possession de ce fief, à l'illustre famille des Montdor, dont l'origine remonte à une époque si reculée, qu'on a essayé de les rattacher au fameux paladin Roland, dont ils se flattaient de posséder le cor (4).

Ennemond de Syvrieu rendit hommage, pour son nouveau

(1) Archives du Rhône (document cité par M. Poyet dans son *Mémoire sur les mines des environs de Lyon*, p. 11).

(2) *Registres consulaires de la ville de Lyon*, t. I, p. 116.

(3) *Archives du château de Rontalon :* « 19 février 1422 ; échange par lequel Galesines de Sure, mari de défunte Françoise de Montdor, remet à Ennemond de Sivrieu le château de Rontalon et ses dépendances, et en récompense, ledit Ennemond de Sivrieu remet le port de Vimy et autres choses énoncées dans l'acte ».

(4) *Mazures de l'Ile-Barbe*, II, p. 448.

fief, au chapitre de l'église de Lyon, le 28 mars 1424 (1). Mais il ne demeura pas longtemps en possession de cette seigneurie. Car, dès le 2 juillet 1429, il la revendait à Bernard de Varey, *drapier* à Lyon et huit fois conseiller de ville, entre les années 1408 et 1435 (2). Bernard de Varey avait, en outre, épousé Françoise Jossard, à laquelle son père, Jean Jossard, avait légué, comme nous l'avons vu, la moitié du revenu de ses mines. Les produits de ces mines venaient ainsi s'ajouter à ceux de son commerce, pour lui permettre l'acquisition de cette terre seigneuriale.

Mais avant, comme après, rien ne nous révèle ses prétentions nobiliaires. Il demeura simple bourgeois de Lyon, et il en fut de même de son fils, Jean de Varey, aussi conseiller de ville en 1445 et 1446, car nous trouvons, dans le procès-verbal de la séance consulaire du 10 juillet 1448, la mention suivante le concernant : « Honorable homme Jehan de Varey le jeune, « seigneur de Rontalon, a déclaré qu'il va demeurer à Ron- « talon; qu'il n'est plus d'intention de s'aider des privilèges « et libertés de la ville, ni de contribuer aux tailles. (3). » La simple qualification *d'honorable*, donnée à ce possesseur de la seigneurie de Rontalon, démontre bien qu'à cette date, au moins, Jean de Varey n'était pas encore parvenu à la noblesse. Mais il en est autrement de son fils Gaspard de Varey, seigneur de Manteyer en Dauphiné, qui se prévalut du titre nobiliaire, quand il vendit, le 9 juillet 1518, la seigneurie de Rontalon à Étienne Balarin de Foudras, seigneur et baron de Pollionay, et à sa femme Sibylle Le Charron, au prix de 2,400 livres (4).

---

(1) Archives du Rhône. Actes capitulaires de l'église Saint-Jean armoire Job, nº 8.

(2) *Archives du château de Rontalon.*

(3) Archives municipales de Lyon. *Registres consulaires*, année 1448. — De Valous. *Origines des familles consulaires*, p. 84.

(4) *Archives du château de Rontalon.*

Cette somme nous révèle l'importance secondaire de ce fief
dont le château, qui subsiste encore en partie, ne fut jamais
qu'une simple maison forte, et dont la juridiction ne s'étendait que sur la paroisse de Rontalon.

Vers la fin de ce siècle, nous voyons aussi la baronnie de
Joux, ancienne possession d'une branche de la famille de Beaujeu, passer à une famille de simple bourgeoisie. Cette terre, qui
comprenait non seulement la paroisse de Joux, mais encore
celle d'Affoux, une partie de celle de Saint-Marcel-l'Éclairé,
le hameau de Rechagneux (les Sauvages) et la partie, en Beaujolais, des paroisses de Violey et de Villechenève, fut vendue,
le 2 juillet 1481, par Jean de Vienne, seigneur de Listenois,
à André Porte, conseiller du roi et juge des ressorts de Lyon,
et à Claudine de Sextre, sa femme (1). Le nouvel acquéreur
appartenait à une famille bourgeoise de Lyon, qui a fourni
cinq conseillers de ville; son auteur, Jacquemet Porte, figure
comme *mercier* au syndicat de 1414, et lui-même avait été
conseiller de ville, en 1437, 1441 et 1446.

Mais peu d'années après cette acquisition, André Porte
mourait et sa veuve, Claudine de Sextre, héritière de ses biens,
épousait Humbert de Villeneuve, qui appartenait lui aussi à
l'une de nos plus anciennes familles consulaires (2), et que
nous voyons, dès l'année 1499, en possession de la terre de
Joux.

(1) Guichenon. *Histoire de la souveraineté de Dombes*, I, 259.
(2) Guichenon. *Dombes*, I, 259. — Cf. Le Laboureur. *Mazures de l'Ile-
Barbe*, 645. — Ce dernier historien, si sévère en matière de preuves gé-
néalogiques, n'a pu s'empêcher de reconnaître cette origine, en observant,
au sujet d'Humbert de Villeneuve, premier président au Parlement de
Dijon, « qu'estant puissant en biens et en honneurs, il s'était donné un
« peu de liberté, pour relever sa maison et son origine, par des alliances
« dont je ne vois point de preuves ». (*Mazures de l'Ile-Barbe*, p. 641.)

XVI⁰ SIÉCLE

Prospérité générale et ses causes. — I. Acquisitions des terres nobles par les bourgeois de Lyon. — II. Seigneurs engagistes du domaine royal. — III. Les banquiers et marchands florentins, acquéreurs de terres nobles.

Nous sommes arrivé au XVI⁰ siècle, le principal objet de cette étude, et désormais les documents, que nous aurons à consulter, vont devenir plus explicites et plus nombreux.

Les soixante premières années de ce siècle forment, d'ailleurs, l'une des époques les plus brillantes et les plus prospères de notre histoire. Depuis la fin de la guerre de Cent ans, tout a contribué à l'accroissement de la prospérité générale et de celle de la ville de Lyon en particulier : une longue paix à l'intérieur, la découverte du Nouveau Monde, la multiplication des espèces monétaires, l'extension donnée au commerce maritime, l'heureuse situation de notre ville, devenue à cette époque l'entrepôt commercial d'une grands partie de l'Europe, la création à Lyon de quatre foires, dotées par nos rois de tous les privilèges qui avaient assuré si longtemps la prospérité des foires de Champagne, l'établissement de la fabrique lyonnaise de soierie, sous le patronage de Louis XI, et enfin l'arrivée d'un grand nombre de familles chassées de Florence par les dissensions politiques et qui, en venant créer dans notre ville, des maisons de banque et des fabriques d'étoffes d'or et de soie, donnèrent au commerce lyonnais et à notre industrie de luxe un essor inconnu jusqu'alors. Aussi, cette époque fut-elle, plus que toute autre, le temps des fortunes rapides et prodigieuses.

Toutes ces causes de prospérité eussent suffi déjà pour accroître, dans une large mesure, le nombre des acquisitions de terres nobles par des bourgeois enrichis par le commerce et désireux d'ajouter aux satisfactions du luxe celles que donnait, à cette époque, la possession d'un domaine féodal.

Mais, à Lyon, ce mouvement fut encore favorisé par deux causes particulières à notre ville et à nos provinces.

Ce fut, d'une part, l'affranchissement du droit de franc-fief accordé aux bourgeois de Lyon possédant en immeubles une valeur de 5oo livres tournois, par un édit de Charles VIII, du mois de décembre 1495, qui accorda, en outre, à nos conseillers de ville le privilège d'être anoblis par l'exercice des fonctions municipales (1). Ce fut, d'autre part, la confiscation des nombreuses seigneuries possédées par le connétable de Bourbon, qui fut suivie bientôt de leur aliénation au profit d'une foule de seigneurs engagistes.

De toutes ces causes réunies, il résulta que lorsqu'une terre noble fut mise en vente, elle fut acquise presque toujours par un bourgeois de Lyon, comme les faits que nous allons rapporter vont l'établir.

I. **Acquisitions des terres nobles par les bourgeois de Lyon.** — L'édit de Charles VIII, qui avait anobli les conseillers de ville et affranchi les bourgeois de Lyon du droit de franc-fief, ne fut enregistré par le Parlement que le 18 mars 1544 (2). Aussi, pendant un demi-siècle, la noblesse des membres du Consulat lyonnais demeura-t-elle très contestée, si bien que ce n'est guère qu'à compter du commencement de la seconde moitié du XVIe siècle que l'on peut les considérer comme véritablement anoblis, et encore sous la condition absolue de vivre noblement, c'est-à-dire sans se livrer au

(1) *Recueil des privilèges des prévost des marchands, eschevins et habitans de Lyon,* p. 1 et 7. (V. Pièces justificatives, no 2.)
(2) *Recueil des privilèges des prévost des marchands, eschevins et habitans de Lyon,* p. 14.

commerce, comme l'exigea expressément un arrêt de vérification du Parlement, du 18 mai 1575 (1).

Néanmoins, on comprend aisément qu'à compter du jour où les bourgeois de Lyon furent affranchis d'une taxe plutôt humiliante qu'onéreuse, et qu'ils purent se prévaloir, sans craindre d'être poursuivis pour usurpation de noblesse, des termes de l'édit même non enregistré de 1495, aucun obstacle ne s'opposa plus guère aux acquisitions qu'ils purent faire de terres seigneuriales.

Un fait, qu'il est bon peut-être de ne pas perdre de vue en cette matière, c'est la classification des corps de métiers à Lyon, telle qu'elle figure notamment dans le procès-verbal de l'élection des conseillers de ville du 26 novembre 1417 (2). A la suite des *terriers,* d'abord propriétaires fonciers, puis remplacés par les deux échevins sortants (3), figuraient au premier rang, les *drapiers,* puissante corporation à laquelle appartenaient, comme nous l'avons vu, les Varey et les Villeneuve, déjà acquéreurs au XIVᵉ siècle de plusieurs terres seigneuriales. Au second rang viennent les *épiciers,* dont l'importance s'accrut encore par le développement donné à ce commerce par l'importation des produits du Nouveau Monde; puis au troisième rang se trouvent les *changeurs,* promptement enrichis par les opérations financières auxquelles ils se livraient et qui, depuis l'établissement des Florentins à Lyon, s'étaient développées dans des proportions inconnues ailleurs.

(1) Cet arrêt porte, en effet, expressément : « *Et sans approbation* de « la clause adjoustée esdites lettres patentes, qui est, que lesdits eschevins « jouyront des privilèges de noblesse, jacoit qu'ils fussent d'estats et négo- « ciations de marchandise. » — La même réserve est exprimée dans un autre arrêt de la Chambres des comptes, du 23 décembre 1577 : « Sans « toutefois approuver la clause adjousté esdites lettres, qui est, que lesdits « eschevins jouyront des privilèges de noblesse, jacoit qu'ils fussent d'estat « et négociation de marchandises. » (*Recueil des privilèges*, p. 47 et 49.)
(2) *Registres consulaires*, Iᵉʳ vol., p. 88.
(3) V. de Valous. *Les Terriers*, p. 12.

Or, c'est dans ces trois corporations surtout que nous allons rencontrer la plupart des acquéreurs des terres seigneuriales dans nos provinces.

Le premier, en date, est Claude Laurencin, *changeur*, et qualifié aussi parfois de *trésorier*. Il appartenait à une famille à laquelle on a essayé vainement de donner une origine chevaleresque. Les documents les plus authentiques et notamment le testament de Jean Laurencin, prêtre, de l'an 1424, nous la présentent, en effet, comme une simple famille bourgeoise originaire de Gorrevod, près de Pont-de-Vaux (Ain), où le testateur élit sa sépulture au tombeau de ses ancêtres (1). Et c'est de là que son premier auteur connu, Nicolas Laurencin, aïeul de Claude, vint s'établir à Lyon, où il figure comme *revendeur* sur la liste des métiers de 1417, et comme *albergier* ou *tavernier* sur celles de 1432 et 1439. Le père de Claude, Étienne Laurencin, figure comme *drapier* au syndicat de 1485, et c'est chez son frère, Pierre Laurencin, aussi drapier, que Bayard, encore simple écuyer, acheta le drap de soie et de velours, qui lui était nécessaire pour figurer dans un tournoi (1490) (2).

Comme son père et son frère, Claude Laurencin fut d'ailleurs conseiller de ville, entre les années 1498 et 1513, et député du tiers-état aux États généraux tenus à Tours, en 1503.

En 1513, à l'expiration de son dernier consulat, il se rendit acquéreur des seigneuries de Riverie, Châtelus et Fontanez, qui lui furent vendues, au prix de 4,900 écus couronne, valant alors 54 marcs 3 onces et demi d'or, par Anne de France, duchesse usufruitière du comté de Forez. Cette vente, qui fut

---

(1) Archives du Rhône. *Testamenta*, année 1424 — Mss. de Guichenon, t. XVI, 202. De la Mure. *Histoire des ducs de Bourbon et des comtes de Forez*, II, p. 251 et 406. — *Revue des sociétés savantes des départements*, VIII, p. 24, année 1868.

(2) V. ce récit dans le *Loyal Serviteur*, ch. VII.

ratifiée par le connétable de Bourbon et son épouse Suzanne de Bourbon, était nécessitée par le grand train du duc, qui dépensa une grande partie de sa fortune au service du roi, ce qui l'obligea, indépendamment de cette vente, à engager plusieurs autres terres, comme Roanne, Virieu, Malleval, Chavanay, Souternon, etc. (1).

Cette acquisition était importante. Car la baronnie de Riverie, située dans le Lyonnais, comprenait, à cette époque, les communes actuelles de Riverie, Saint-Didier-sous-Riverie, Sainte-Catherine, Saint-André-la-Côte, Saint-Sorlin, Chaussan, l'Aubépin, section de la commune actuelle de Larajasse (Rhône), et celle de Saint-Romain-en-Jarez (Loire), dans laquelle les barons de Riverie avaient le droit de haute justice et partageaient la moyenne et la basse justice avec le prieur du lieu (2).

La seigneurie de Châtelus, qui faisait partie du Forez, comprenait tous les droits de haute, moyenne et basse justice dans les paroisses de Châtelus et de Saint-Denis-sur-Coise, et, en outre, dans une partie de celles de Larajasse et de Coise (3).

Quant à la seigneurie de Fontanez, elle ne comprenait point, à la différence des deux autres, le château de cette terre, sur lequel les comtes de Forez n'avaient plus aucuns droits depuis la fin du XIVᵉ siècle, mais seulement son mandement, qui embrassait non seulement la paroisse de Fontanez, mais aussi celle de Gramont (4).

Les droits seigneuriaux et de justice acquis par Claude

---

(1) Archives de la Loire, A , 124.— De la Mure. *Histoire des ducs de Bourbon*, II, 523. — A. Bernard. *Histoire du Forez*, II, 78. — Cl. Henrys. *Œuvres*, IV, 306. — V. *Pièces justificatives*, nᵒ 3

(2) Traité de 1268, entre le prieur Hugues avec Artaud IV de Roussillon, seigneur de Riverie (*ex biblioth. auctoris*).

(3) Sonyer du Lac. *Les fiefs du Forez*, p. 50.

(4) Sonyer du Lac. *Les fiefs du Forez*, p. 87. — Broutin. *Les châteaux historiques du Forez*, I, 246.

Laurencin s'étendaient ainsi sur onze communes et trois sections de communes des départements actuels du Rhône et de la Loire, où l'on compte aujourd'hui une population de plus de 8,000 habitants.

Mais comme nous l'avons dit déjà, l'édit de 1495, qui anoblissait les échevins lyonnais, n'ayant été enregistré qu'en 1544, leur noblesse fut loin d'être reconnue sans contestation jusqu'à cette époque. Même après l'enregistrement, ni la faveur royale, ni le mérite des services rendus ne purent faire oublier la source de leur noblesse, et jusqu'à la Révolution, les représentants de la noblesse d'épée manifestèrent toujours un mépris assez déplacé pour ceux qui ne devaient leur qualité nobiliaire qu'aux fonctions qu'ils avaient remplies.

Mais quelle que soit la puérilité des préjugés, il faut que le temps habitue les générations aux usages nouveaux. Claude Laurencin l'éprouva bien. Et voici comment un ancien historien, Saint-Julien de Baleure, raconte les difficultés qu'il éprouva avec ses nobles vassaux : « Un des Laurencin de « Lyon acquist la baronnie de Riverie (laquelle est encore à « ceux de sa maison), on ne saurait savoir les traverses que « lui donnèrent les gentilshommes vassaux d'icelle baronnie. « Ils refusoient de s'agenouiller devant un homme de moin- « dre qualité qu'eux, de desceindre l'épée et en mettant leurs « deux mains jointes en les siennes, captiver tout leur pou- « voir soubs son obéissance, et lui promettre tout humble « service envers tous et contre tous, hormis le prince souve- « rain (1). »

Claude Laurencin mourut vers 1532. Mais son fils Claude, deuxième du nom, qui lui succéda dans la possession de la baronnie de Riverie, rencontra les mêmes résistances chez ses nobles vassaux, et ce ne fut ainsi que par une sentence,

(1) Saint-Julien de Baleure. *Histoire des Bourgongnons*, p. 143.

rendue le 7 avril 1540, par le tribunal de la sénéchaussée de Lyon, qu'il obligea René de Rougemont, dit de Bron, à lui rendre hommage pour un fief que ce dernier tenait de lui à Saint-Jean-de-Chaussan (1).

Le 20 avril de la même année, Claude Laurencin dut aussi faire reconnaître, par une transaction passée avec Pierre Arod, seigneur de la Fay, ses droits à la haute justice de Larajasse (2).

Mais ces difficultés ne pouvaient se présenter pour les petits fiefs, desquels ne relevaient aucun vassal. Aussi, dès les premières années du XVI⁰ siècle, voyons-nous les familles lyonnaises s'empresser d'acquérir des terres nobles.

Dès l'année 1513, nous voyons ainsi André Turin, notaire et secrétaire du roi, en possession de la seigneurie de Charly en Lyonnais, qu'il transmit à son fils François Turin. André Turin appartenait à une famille consulaire, dont le premier auteur connu, Pierre Turin, figure comme *drapier* au syndicat de 1428, et remplissait les fonctions de conseiller de ville en 1435. Puis aux Turin succéda, vers 1571, dans la possession de cette terre, Jacques Sève, qui fut associé ainsi que son frère Mathieu, avec Claude Pellot, pour le commerce de l'épicerie (3).

Le 17 octobre 1521, Jean de Chaponay, deuxième du nom, conseiller de ville, acquiert du roi-Dauphin, au prix de 200 écus d'or, la justice, hommage, cens et rentes et directe de la paroisse de Feyzin en Dauphiné, dont il devint le premier co-seigneur (4).

Les Baronnat, enrichis dans l'exploitation des mines, font

(1) Archives de la Cour d'appel de Lyon. *Sentences de la sénéchaussée.*
(2) Minutes du notariat de Riverie (Charézieu, notaire).
(3) Notes mss. de Deville.
(4) V. de Valous. *Famille de Chaponay*, notice et généalogie, p. 13. — Registres de la Chambre des comptes de Grenoble.

aussi à cette époque l'acquisition de plusieurs terres nobles.
En 1529, Jean Baronnat est seigneur du Vernet et de Teil-
lère près de Saint-Galmier ; Claude Baronnat devient successivement acquéreur du fief de Fontcrenne ou de Moulin-au-
Comte (Béligny), en 1534 ; de celui de Bussy (Saint-Georges-
de-Reneins), en 1539, et de celui de Matizière (Belleville),
qu'il possédait encore en 1589 (1).

En 1537, deux membres de l'une de nos familles consulaires, Claude de Vinols, élu en l'élection de Lyon, et son
frère Pierre de Vinols, receveur du droit d'entrée du *drap
de soie,* sont devenus acquéreurs, dans la paroisse de Charentay en Beaujolais, de la terre d'Arginy, fief sans justice,
possédé précédemment par l'ancienne famille des du Ver-
ney (2).

Le 18 juillet 1546, c'est la terre de Chavagneux en Dombes
(Genouilleux) qui est vendue, au prix de 9,000 livres tournois, par Antoine de Semur, à Jean Cléberg, surnommé le
bon Allemand, marchand de Lyon, dont le nom est demeuré
populaire dans cette ville à cause de sa charité inépuisable.
Indépendamment du château, des granges, terres, vignes,
prés et bois, dépendant de cette seigneurie, elle comprenait
encore la haute, moyenne et basse justice, un droit de péage
par terre, un droit de passage au port dudit lieu sur la Saône,
avec le droit de créer tous officiers pour l'exercice de la haute
justice, hommes taillables, justiciables, corvéables, demeurant
tant au mas de Chavagneux que de Genouilleux, comme aussi
aux villages ou paroisses de Mogneneins, Guerreins, Saint-
Étienne-sur-Chalaronne, Saint-Didier, Lurcy, Baneins, Chaneins, Messimy, Dracé-le-Panoux, Taponas et Montceaux (3).

---

(1) Registre de la baronnie du Beaujolais (mss. de la bibliothèque de
Lyon, n° 1481). — De la Roche La Carelle. *Histoire du Beaujolais.* —
Louvet. *Histoire mss. du Beaujolais* (bibliothèque de Lyon).
(2) Registre de la baronnie du Beaujolais.
(3) Archives de la Charité, B., 170.

Après la mort de Jean Cléberg, survenue peu de temps après l'acquisition de la terre de Chavagneux (6 septembre 1546), sa veuve, Pelonne Bonzin, tutrice de son fils David Cléberg, fit encore l'acquisition de la seigneurie de Chaillouvres, fief en toute justice avec château-fort, dans la paroisse de Chaneins (Dombes), qui lui fut vendu par Pierre Fornier le 21 mai 1551, puis celle de la baronnie de Saint-Trivier en Dombes, que lui céda, le 19 septembre 1554, Philibert de la Chambre, seigneur de Montfort, de Tramelay et de Verdun-sur-Saône. Cette seigneurie était fort importante, car elle comprenait cinq clochers ou paroisses : Saint-Trivier, Montagneux, Saint-Christophe, Percieux et Saint-Cyr en partie. Les seigneurs avaient un juge ordinaire et un juge d'appel dont les sentences ressortissaient du Parlement de Dombes, et en outre un châtelain, un procureur d'office, un greffier, un concierge des prisons et un garde-bois ; enfin, il avaient le droit d'accorder des provisions de notaires, procureurs et sergents. Le prix de cette vente ne nous est point connu. Mais nous savons que, lorsque Marie Cléberg, fille de Jean Cléberg et de Pelonne Bonzin, et épouse de Théodore de Chalon, revendit cette terre, en 1625, à Jacques Moyron, avocat en la sénéchaussée de Lyon, ce fut au prix de 55,000 livres (1).

Ajoutons enfin, qu'en 1564, Claude, baron de Montagny, vendit la seigneurie de Mogneneins à David Cléberg, fils de Jean, qui la revendit, en 1594, à Claude Trellon, avocat en la sénéchaussée et présidial de Lyon (2).

Mais de tous nos commerçants lyonnais, celui qui se rendit acquéreur du plus grand nombre de terres seigneuriales fut Jean Camus.

Jean Camus appartenait à une ancienne famille originaire

(1) Archives de la Charité, B., 165.
(2) Guichenon. *Histoire de la souveraineté de Dombes*, I, 108.

d'Auxonne. Son premier auteur connu est Nicolas Camus, capitaine et maire perpétuel de cette ville. Son fils Maurice, *alias* Geoffroy, fut maître d'hôtel du duc de Lorraine, et son petit-fils, Pernet Camus, aussi capitaine et maire perpétuel d'Auxonne (1).

Jean Camus, fils de Pernet, vint dès le commencement du XVIe siècle s'établir à Lyon, où il acquit une grande fortune dans le commerce de l'épicerie. Il fut ainsi l'un des marchands épiciers, qui signèrent les ordonnances du grabeau ou grabelage, le 3 avril 1519 (2). Nous le voyons figurer aussi, en 1521, au nombre des maîtres de métiers pour l'épicerie. Il fut conseiller de ville, en 1523, 1524, 1534 et 1535, et devint conseiller et secrétaire du roi, en 1549 (2).

A une époque demeurée inconnue, Jean Camus se rendit acquéreur du fief sans justice de Roche-Cardon, appelé alors la Roche-de-Vaise, dont il prit toujours la qualité de seigneur. Il devint aussi seigneur d'Arginy (Charentay) par son mariage avec Antoinette de Vinols, fille d'Antoine de Vinols, possesseur de ce fief. Mais, dès l'année 1543, c'est-à-dire un an avant l'enregistrement par le Parlement de l'édit de Charles VIII, qui conférait la noblesse aux anciens échevins lyonnais, il se rendait acquéreur, à titre de seigneur engagiste, de la ville et châtellenie de Saint-Bonnet-le-Château, de la seigneurie de Marols et de la châtellenie de Châtelneuf en Forez, dont nous ferons connaître plus loin la consistance (4).

(1) Archives de la Cour d'appel de Lyon. *Insinuations*, vol. 122, fo 175. — Mss. de Guichenon, VIII, no 33; XXIII, no 46; XXVI, no 35.— Courtépée. *Description du duché de Bourgogne*, II, p. 425.

(2) Archives municipales. *Registres consulaires*, année 1519. — Le grabeau était un droit qui se levait à la douane, au profit du consulat, sur les drogues et épiceries, pour empêcher l'introduction des marchandises de mauvaise qualité et nuisibles à la santé publique.

(3) Archives municipales de Lyon, CC., 57, fo 282, vo

(4) Archives de la Loire, A., 124.

Mais une acquisition plus importante faite par Jean Camus, fut celle des seigneuries de Châtillon-d'Azergues et de Bagnols en Lyonnais, qui lui furent cédées, le 17 août 1566, par Florimond Robertet, qui en avait hérité de sa mère Jeanne Le Viste, veuve de Jean Robertet, vice-bailli de Vienne (1).

Ces deux fiefs voisins, situés dans la vallée de l'Azergues, avaient appartenu successivement aux familles d'Oingt, d'Albon et de Balzac. Divisée pendant plusieurs siècles entre deux co-seigneurs, au nombre desquels figurent les Varey et les Jossard, dont nous avons déjà parlé, la terre de Châtillon avait été réunie dans les mains d'un seul seigneur par l'acquisition faite, au prix de 800 écus d'or, par Roffec de Balzac, le 8 octobre 1474, de tous les droits qui appartenaient sur cette seigneurie à Urbain Terrail, du chef de sa mère Françoise Jossard (2).

Nous n'avons pu retrouver malheureusement le titre de la vente consentie par Florimond Robertet à Jean Camus. Mais plusieurs aveux de fiefs nous font connaître les divers droits que comprenait la seigneurie de Châtillon. Indépendamment du bourg et du château de Châtillon et de diverses propriétés foncières en nature de prés, terres, vignes et bois, c'étaient le droit de ban d'août et de leydes aux quatre foire, qui se tenaient sous les halles de Châtillon, le droit de pêche et de chasse, un moulin sur l'Azergues, le droit de suzeraineté sur les fiefs de Sandars et de Coleymieux, les rentes de la Reynière et de Thélis. Enfin, la haute justice appartenant au seigneur comprenait la paroisse de Châtillon et une partie de celle de Charnay, dont l'autre moitié relevait des comtes de Lyon (3).

Quant à la seigneurie de Bagnols, elle comprenait à la fois un château flanqué de cinq grosses tours, la haute, moyenne

(1) Archives du château d'Arcy en Bourbonnais.
(2) *Mazures de l'Ile-Barbe*, p. 190, 595 et 598.
(3) Archives du Rhône, C., 635.

et basse justice de la paroisse, les halles situées sur la place
publique, un clos de 32 bicherées (4 hectares) autour du
château, deux domaines affermés, un bois de haute futaie de
3,000 bicherées (375 hectares), le hameau de Morgaux-Mon-
teloux, situé dans la paroisse de Légny, et diverses rentes
nobles ou droits de censives (1).

Enfin, le 9 avril 1567, Jean Camus se rendit encore acquéreur de la baronnie, terre et seigneurie de Feugerolles en
Forez, qui lui fut vendue, sous réserve de réméré, par Claude
de Lévis, seigneur et baron de Cousan, au prix de 20,000 livres
tournois (2).

Cette seigneurie comprenait les paroisses du Chambon,
Saint-Romain-les-Atheux, Saint-Just-lès-Velay et partie de la
paroisse de Firminy. A sa mort, arrivée le 28 juillet 1568,
Jean Camus transmit cette terre à son fils aîné, Antoine Camus, trésorier de France en la généralité de Lyon. Néanmoins, malgré une renonciation au droit de réméré consentie
par le vendeur par un acte du 23 juin 1570, moyennant un
supplément de prix de 26,500 livres, et sans doute par suite
d'un nouvel accord demeuré inconnu, Claude de Lévis vendit
définitivement cette seigneurie, avec son fils Jacques de Lévis,
à Alexandre Capponi, seigneur d'Ambérieu en Dombes, le
26 juin 1586, moyennant le prix de 80,000 livres (3).

Dépossédé ainsi de la seigneurie de Feugerolles, Antoine
Camus n'en demeura pas moins en possession de plusieurs
terres seigneuriales importantes : d'abord de la baronnie

---

(1) Archives du Rhône, C., 634. — Ce document nous fournit de pré-
cieuses données sur la transformation qu'a subie l'exploitation agricole
dans cette commune et même dans toute la contrée voisine, où les bois ont
complètement disparu, par suite de l'extension considérable donnée à la
culture de la vigne, qui traverse à son tour, depuis quelques années, une
période de décroissance.

(2) Archives du château de Feugerolles.

(3) Archives du château de Feugerolles. — La Tour Varan. *Chroniques
des châteaux et des abbayes*, I, 420.

de Riverie, dont nous connaissons déjà la valeur et l'importance et qui lui fut vendue, en 1570, par Claude Laurencin, troisième du nom, puis de la seigneurie du Perron, à Oullins, qu'il acquit, le 23 février 1582, d'Alexandre d'Elbène, au prix de 8,000 écus d'or, après s'être rendu acquéreur, le 23 juillet 1575, au prix de 3,000 livres, de la justice haute, moyenne et basse de ce fief, qui appartenait précédemment à l'archevêque de Lyon, comme seigneur d'Oullins (1).

Enfin, terminons ici cette nomenclature de terres nobles, acquises par des familles bourgeoises, en rappelant la vente du château et seigneurie de la Douze, en Beaujolais (Odenas), consentie, le 26 septembre 1573, à Hugues Charreton, seigneur de la Terrière, trésorier et élu du pays de Beaujolais, par dame Guillemette de Thil, veuve de Gilbert de Mars, au prix de 10,000 livres (2).

II. — **Seigneurs engagistes du domaine royal.** — Les besoins du trésor obligèrent fréquemment la royauté à aliéner les terres du domaine de la couronne. Mais comme ces terres avaient un caractère inaliénable, on déguisait toujours ces aliénations sous la forme d'un engagement ou d'une vente soumise à un rachat perpétuel.

Le premier exemple que nous en trouvons dans nos provinces est la vente à réméré, consentie à Antoine de Vinols, *drapier,* des cens et rentes muables de la châtellenie de la Salle-de-Quincieu, en Lyonnais, au prix de 1,200 livres, en vertu de lettres patentes du roi, données à Saint-Germain-en-Laye, le 22 juillet 1514 (3).

(1) Archives de la Charité, B., 180. — Archives historiques du département du Rhône, II, 289.
(2) Louvet. *Histoire du Beaujolais* (Mss. de la bibliothèque de Lyon, n° 1481), t. Ier, p. 306.
(3) V. de Valous. *Le domaine ordinaire de Lyonnais au commencement du XVIe siècle*, p. 12.

Ce n'est là qu'un fait isolé, mais il se généralisa bientôt, quand les terres confisquées sur le connétable de Bourbon eurent été réunies à la couronne en 1531.

Dès l'année 1537, soit à cause des dépenses de la guerre extérieure, soit pour se soustraire aux frais d'entretien des châteaux de ces nombreuses seigneuries, il est procédé à la vente successive de chacune de ces terres.

Les procès-verbaux sommaires de ces ventes ont été conservés, et ils nous apprennent d'une manière très précise le prix auquel elles furent consenties, et les revenus annuels de chaque châtellenie calculés pour une période de dix années, à raison de dix pour cent du capital payé. De même, ils énoncent presque toujours la qualité des acquéreurs, et nous voyons ainsi que ces derniers furent, presque sans exception, de simples bourgeois, commerçants ou banquiers enrichis, ou des officiers de judicature.

La première de ces ventes, à charge de rachat perpétuel, fut celle de la terre et seigneurie de la Tour-en-Jarez, cédée en 1537, au prix de 12,000 livres, à Jean Paulat, marchand de Saint-Étienne. Cette seigneurie comprenait notamment un bois taillis de la contenance de 7 arpents et 3 perches, et les droits de justice, à tous les degrés, dans les paroisses de la Tour et de Sorbier (1).

Quant à l'acquéreur de cette terre, il appartenait à une famille, qui avait exercé pendant de longues années le notariat. Mais Jean Paulat s'était enrichi dans le commerce avec son frère Jacques qui, devenu riche à son tour, se rendit aussi acquéreur de la seigneurie de Montarboux, située dans la paroisse de Sauvain, et de celle de Palognieu, qui ne jouissait que de la moyenne et basse justice (2).

(1) Archives de la Loire, A., 124. — Sonyer du Lac. *Les fiefs du Forez*, p. 137. — V. *Pièces justificatives*, n° 4.

(2) *Les fiefs du Forez*, p. 183 et 203. — La Tour Varan. *Armoiries et généalogies des familles*, p. 87 et 88.

La même année, la terre et châtellenie de Virigneux, aussi en Forez, qui comprenait les paroisses de Virigneux, de Saint-Barthélemy-l'Estra, de Saint-Martin-l'Estra et une partie de celle de Haute-Rivoire, fut vendue à messire Hugues du Puy, lieutenant particulier de Lyon, et à Catherine Barbine, sa femme, pour le prix de 2,000 livres tournois, calculé sur le revenu moyen s'élevant à 919 livres, 15 sols et 6 deniers tournois.

Hugues du Puy se rendit encore acquéreur de la terre et seigneurie du Fay (Saint-Jean-de-Bonnefonts), pour le prix de 1,600 livres tournois (1).

Enfin, ce fut aussi en 1537 qu'un riche banquier, Thomas Gadagne, dont la fortune était proverbiale à Lyon, où l'on disait communément : *riche comme Gadagne,* se rendit acquéreur des villes et seigneuries de Saint-Galmier et de Saint-Héand, pour le prix total de 15,521 livres, 14 sols et 4 deniers tournois, à savoir, pour Saint-Galmier, au prix de 4,892 livres, 3 sols et 4 deniers, à raison du revenu annuel s'élevant à 490 livres, 4 sols et 4 deniers tournois, et pour Saint-Héand, au prix de 10,629 livres, 11 sols tournois, basé sur le revenu annuel moyen de 1,062 livres, 19 sols et 3 deniers (2).

Indépendamment des fours banaux qui furent vendus, en 1687, au prix de 360 livres, plus une redevance annuelle de pareille somme, la seigneurie de Saint-Galmier comprenait seulement la justice des paroisses de Saint-Galmier et Chambœuf. Quant à la châtellenie de Saint-Héand, si sa justice ne s'étendait que sur une partie de la paroisse, l'autre partie relevant de la justice de la seigneurie de Malleval qui s'y trouvait située, son importance résultait surtout de ce que le seigneur jouissait, en outre, des trois quarts des dîmes du

(1) Archives de la Loire, A., 124.
(2) Archives de la Loire, A., 124.

mandement et circonscription de la justice, des trois quarts de la dîme en vin de la paroisse de Saint-Bonnet-les-Oules et des bois taillis et de haute futaie d'une étendue de 204 arpents (1).

Six années plus tard, ces trois premiers engagements furent suivis d'une mesure plus générale. Un édit, rendu au mois d'août 1543 à Folembray, par François Ier, ordonna la vente des terres domaniales jusqu'à concurrence de 600,000 livres tournois, pour les frais de la guerre (2). Et ce fut en exécution de cet édit, que toutes les terres, confisquées sur le connétable dans le Forez, furent vendues la même année à de nombreux engagistes par Claude de Chasteauvieux, maître d'hôtel ordinaire du roi et Jean du Peyrat, lieutenant général, *à ce commis et députés* (3).

La plus importante de ces acquisitions fut faite, comme nous l'avons dit déjà, par Jean Camus, de Lyon, auquel furent vendues la ville et châtellenie de Saint-Bonnet-le-Château avec la seigneurie de Marols, au prix de 7,000 livres tournois, basé sur le revenu annuel moyen de ces deux châtellenies, s'élevant au chiffre de 673 livres, 4 sols tournois. La circonscription de Saint-Bonnet comprenait, indépendamment de ce chef lieu de châtellenie, les paroisses de Saint-Nizier-de-Fornas, la Tourette, Luriecq et Marols, et en partie celles de Saint-Maurice-en-Gourgois, Périgneux, Aurec, Bas en-Basset, Rosiers-Côtes-d'Aurec, Saint-Hilaire, Estivareilles, Saint-Pal, Merle, Chenereilles et la Chapelle en la Fay (4).

(1) *Les fiefs du Forez*, 240, 243.

(2) Abbé Chevalier. *Ordonnances des rois de France, relatives au Dauphiné*, n° 846 : « Édit portant aliénation des domaines du royaume à rachat perpétuel jusqu'à la somme de 600,000 livres tourn., à raison de 10 pour 100 pour les frais de la guerre, XXV, II, 1. A. Folembray, en août 1543, enreg. le 18 »

(3) Archives de la Loire, A, 124. — V. *Pièces justificatives*, n° 5.

(4) *Ibid.* — *Les fiefs du Forez*, p. 229. — *Mémoires de la Société de la Diana*, t. IV, p. 94.

A la mort de Jean Camus, la seigneurie de Saint-Bonnet passa à son second fils, Jean, qui fut la tige de la branche des seigneurs de Saint-Bonnet et de Gondreville en Beauce et l'aïeul de Jean-Pierre Camus, évêque de Belley, l'ami de saint-François de Sales, et l'auteur d'un grand nombre de romans pieux (1).

Jean Camus se rendit aussi acquéreur de la terre, seigneurie et châtellenie de Châtelneuf, au prix de 4,500 livres, pour un revenu moyen annuel de 437 livres tournois. Mais peu de temps après, il céda à messire Philippe Hippolyte, procureur du roi en Forez, cette seigneurie, dont la justice s'étendait sur les paroisses de Châteauneuf, Essertines, Lérigneux, Saint-Bonnet-de-Coureaux et partie de celle de Saint-Georges (2).

Le 18 octobre de la même année, les châtellenies de Néronde et Cleppé en Forez furent aussi vendues à Jean Paffi, dit *Bello*, marchand florentin à Lyon, au prix de 5,625 livres tournois.

La châtellenie de Néronde, dont le revenu annuel moyen était évalué à 1,241 livres, 3 sols et 4 deniers oboles, comprenait l'ancien siège de la juridiction, composé d'un bâtiment servant d'auditoire, que dominait une haute tour ronde, appelée donjon et figurant dans le plan que nous a laissé Guillaume Revel, de 1450 ; le greffe de la châtellenie, un four banal, des bois taillis de 14 sexterées, et de la justice, haute, moyenne et basse, sur les paroisses de Néronde, Balbigny, Pouilly, Pinay, Saint-Jodard, Saint-Just-la-Pendue, Violey, Saint-Marcel-de-Félines et partie de celles de Sainte-Colombe et de Croiset.

La châtellenie de Cleppé était bien moins importante, car

(1) Mss. de Guichenon. T. XXVI, n° 35.
(2) Archives de la Loire, A., 124. — *Les fiefs du Forez*, p. 50.

sa justice comprenait seulement les paroisses de Cleppé, Épercieux, la Celle, annexe de Cleppé et Mizérieux, et ses revenus moyens annuels ne s'élevaient qu'à 258 livres et 4 sols (1).

L'acquéreur de ces deux châtellenies, qui fut conseiller de ville en 1540 et 1541, exerçait à Lyon un grand commerce d'épicerie et de droguerie, dans lequel il acquit une grande fortune. A sa mort, il laissa les seigneuries de Néronde et de Cleppé à ses deux fils, Philippe et Claude, qui les cédèrent bientôt après à messire Jacques d'Urfé (2). Philippe continua pendant quelques années le commerce de son père; mais ayant embrassé la religion protestante, il quitta, en 1564, la ville de Lyon, où il était mal vu à cause de ses croyances religieuses; puis il employa sa grande fortune à acquérir la baronnie de la Bussière en Mâconnais (3), dont il prit le titre (1571), et la charge de bailli de Mâcon (1575-1579) (4).

Un autre riche marchand lyonnais, Guyot Henry, acquit aussi la même année les villes et châtellenies de Feurs et de Donzy, au prix de 13,767 livres, 10 sols tournois.

La seigneurie de Feurs comprenait, à cette époque, indépendamment des droits de justice dans une partie seulement de la paroisse de Feurs (5), un grand étang de 250 méterées, dit l'étang de Feurs, les fours banaux, une rente noble, les droits de petite leyde sur les menues denrées apportées au marché, ceux de grande leyde sur les grains vendus à la

(1) Archives de la Loire, A., 124. — *Les fiefs du Forez*, 62, 194.

(2) Archives de la Loire, A., 128.

(3) La Bussière, commune de Saint-Léger-sous-Bussières, canton de Tramayes (Saône-et-Loire).

(4) Archives municipales de Lyon, CC. 14. — Archives de la Loire, A., 81 et 128. —Saint-Julien de Baleure. *Histoire des Bourgongnons*, p. 352. — Courtépée. *Description du duché de Bourgogne*, III, 141.

(5) Le surplus dépendait des châtellenies de Donzy, Sury-le-Bois, Chambéon et Cleppé, et des justices de Bigny et du Palais, deux châteaux qui s'y trouvaient situés. (*Mémoires de la Diana*, IV, 95.)

grenette, une redevance de 120 livres payée par les quatre décimateurs ecclésiastiques, le moulin du Montal, les droits de greffe, les abénévis des anciens fossés s'élevant à 120 livres, le tout produisant un revenu moyen annuel de 809 livres, 7 sols tournois, lequel s'élevait au commencement du XVIIIe siècle, à 1,630 livres (1).

Les droits utiles de la châtellenie de Donzy comprenaient une rente noble, le four banal, un bois de haute futaie de 79 arpents, la leyde de Panissière et de Villechenève et les droits de justice de Donzy, Salt-en-Donzy, Saltvizinet, Rosiers, Sainte-Agathe, partie de Panissières et Montchal, son annexe, Cottance, Essertine en Donzy, partie de Villechenève et Violey et partie de la paroisse de Feurs, le tout produisant un revenu moyen annuel de 363 livres, 8 sols et 5 deniers (2).

Toutes ces ventes n'avaient pas encore épuisé les grandes possessions du connétable de Bourbon dans le Forez.

Les seigneuries de Saint-Romain-le-Puy et de Monsupt furent aussi aliénées, en 1543, à Étienne Berthaud, au prix de 2,900 livres. D'après une transaction passée au mois de mai 1236, entre le prieur de Saint-Romain et Guy IV, comte de Forez, la moitié seulement de la justice de Saint-Romain appartenait au domaine royal, substitué aux comtes de Forez (3). Mais la justice de Monsupt était plus importante, car elle comprenait les paroisses de Saint-Georges-Hauteville, Saint-Thomas, Boisset-Saint-Priest, avec les hameaux de la Roche et de Châtelus (4).

---

(1) Archives de la Loire, A., 124. — *Les fiefs du Forez*, p. 85. — Broutin. *Histoire de Feurs*, 193. — Duguet. *Mémoires sur Feurs*, p. 58. (*Mémoires de la Diana*, t. VI.)

(2) *Les fiefs du Forez*, p. 74. — *Mémoires de la Société de la Diana*, IV, 95.

(3) *Grand cartulaire d'Ainay*, ch. cxxiv : — *Recognitio feodi facta per dominum comitem Forensem pro garda Sancti Romani in Podio.*

(4) *Les fiefs du Forez*, 181, 260.

La châtellenie de Sury-le-Bois, qui comprenait en partie les paroisses de Valeilles et de Saint-Cyr-les-Vignes, fut engagée à François Solasson, bourgeois de Lyon, au prix de 4,781 livres, 10 sols tournois. Les revenus de cette terre évalués, année moyenne, à 478 livres, 4 sols tournois, consistaient dans une grande dîme, affermée, en 1478, 40 setiers de seigle, et dont la moitié appartenait au seigneur de Sainte-Colombe, dans l'herbe et la pêche des fossés du château de Sury, affermés 16 livres tournois, dans les bois et verchères situés dans la paroisse de Valeilles, dans une immense prairie appelée le pré des Comtes, qui fournissait le fourrage des chevaux, et enfin dans de vastes forêts très giboyeuses, et des redevances considérables en orge (1).

Quant aux seigneuries de Saint-Victor et de la Fouillouse, elles furent vendues à Jacques Bourdon, marchand de Saint-Étienne, au prix de 6,700 livres tournois.

La première de ces deux châtellenies comprenait Saint-Victor-sur-Loire, la parcelle de Landuzière et Cizeron, dans la paroisse de Saint-Genest-Lerpt, le village de Bresse, de la paroisse de Saint-Maurice, le village de Mérieux, de la paroisse de Périgneux, les villages de Vassalieu et Notre-Dame-de-Grâces, de la paroisse de Chambles, les villages de Mont-fermier, Chava et Chevieu de la paroisse de Saint-Rambert, et enfin l'arrière-fief de la Terrasse (2).

Bien moins importante était la châtellenie de la Fouillouse, car elle ne comprenait que les paroisses de la Fouillouse et de Saint-Just-sur-Loire, quelques droits de cens, avec quelques terres et un bois taillis de 34 arpents. Enfin, le revenu moyen annuel de ces deux terres était évalué à 669 livres, 13 sols 7 deniers (3).

(1) *Les fiefs du Forez*, 269. — *Mémoires de la Société de la Diana*, IV, 97. — Broutin. *Histoire de Feurs*, p. 194.
(2) *Les fiefs du Forez*, p. 263.
(3) Archives de la Loire, A., 124. — *Les fiefs du Forez*, p. 117.

La dernière aliénation, consentie en 1543, fut celle des terres et seigneuries de Chambéon et de Marclopt, qui furent vendues à messire Artaud d'Apchon, seigneur de Montrond, au prix de 7,200 livres tournois, basé sur un re.enu moyen annuel de 713 livres, 7 sols et 10 deniers tournois (1). Indépendamment des dîmes, qui appartenaient pour un quart au curé du lieu, ces deux châtellenies avaient pour revenus particuliers les produits des ports de Marclopt et de Cleppé. En outre, la justice de Chambéon s'étendait non seulement sur cette paroisse, mais encore sur celle de Saint-Laurent-la-Conche. La justice de Marclopt s'exerçait seulement dans la paroisse. D'autre part, il n'est peut-être pas sans intérêt de remarquer, au point de vue de l'abaissement des valeurs monétaires, que cette dernière seigneurie avait été vendue, le 26 juin 1325, par Josserand de Lavieu à Jean, comte de Forez, au prix de 1,500 livres viennoises seulement (2).

Enfin, nous voyons encore, en 1549, la ville de Saint-Germain-Laval aliénée au profit de Mre Clément du Puy, avocat en la Cour du Parlement de Paris, et à Philippe Pourrat, sa femme, au prix de 6,400 livres. Cette châtellenie, dont la justice s'étendait sur les paroisses de Saint-Germain-Laval, Amions, Saint-Julien-d'Odes et Nollieu, comprenait en outre un bois de haute futaie, essence chêne, de 225 arpents (3).

Mais ce n'était pas seulement dans le Forez, mais aussi dans le Beaujolais et dans la Dombes, que furent aliénées ainsi, sous réserve de rachat perpétuel, les terres confisquées sur le connétable de Bourbon.

Dans le Beaujolais, la justice de Charentay, avec les mas de

---

(1) Archives de la Loire, A., 124.

(2) *Les fiefs du Forez*, p. 39-174. — Broutin. *Hist. de Feurs*, 194. — *Mémoires de la Société de la Diana*, t. IV, p. 95.

(3) Archives de la Loire, A., 124. — *Les fiefs du Forez*, p. 242. — V. *Pièces justificatives*, n° 6.

Bussy et de Grandoger, à Saint-Georges-de-Reneins, sont vendus, le 30 août 1537, au prix de 800 livres, aux frères Claude et Pierre de Vinols, déjà possesseurs du fief d'Arginy, situé dans cette paroisse (1).

Guillaume Barjot, sieur de la Pallud et d'Avenas, devient successivement acquéreur à réméré des seigneuries de Quincié et de Marchampt, le 6 octobre 1537, de la seigneurie et prévôté de Beaujeu, le 2 avril 1543, et de la seigneurie de Varennes, le 21 novembre 1537 (2).

Enfin, la châtellenie de Chamelet, qui comprenait les paroisses de Chamelet, Lestra, Cogny, Saint-Just-d'Avray, et avait été vendue quelques années auparavant à Jean de Nagu, seigneur de Magny, au prix de 730 florins d'or, fut aliénée de nouveau, le 12 janvier 1552, au profit de Pierre Vincent, bourgeois de Lyon, qui était sans doute proche parent d'Antoine Vincent, riche libraire de cette ville, qui remplissait en cette même année les fonctions de conseiller de ville (3).

Dans la Dombes, la seigneurie d'Ambérieu, avec ses cens, rentes, fiefs et arrière-fiefs, taille trienne et ses autres dépendances, était vendue, le 21 juillet 1537, au prix de 14,000 livres, par le cardinal de Tournon, au nom du roi, à Thomas Gadagne, devenu en cette même année seigneur engagiste des châtellenies de Saint-Galmier et de Saint-Héand en Forez, et qui transmit cette même terre d'Ambérieu à son gendre Laurent Capponi, marchand et banquier lyonnais (4).

---

(1) Louvet. *Hist. mss. du Beaujolais*, I, 308

(2) *Registre de la baronnie du Beaujolais (Mss. de la bibliothèque de Lyon*, n° 1481).

(3) Louvet. *Hist. mss. du Beaujolais*, I, f° 511. — *Registre de la baronnie du Beaujolais*, f° 98.

(4) Guigue. *Dictionnaire des paroisses de l'arrondissement de Trévoux*, V° *Ambérieu*. — Aubret. *Mémoires pour servir à l'histoire des Dombes*, III, 259.

Le 1er décembre de la même année, la seigneurie de Thoissey était vendue aussi à Antoine Gondi, seigneur du Perron, duquel le roi Henri II la racheta, en 1549, pour la revendre, au prix de 7,674 livres, à Louis Alleman, seigneur de Castellane en Provence (1).

Le 5 novembre 1543, Jean Cléberg, *le bon Allemand*, plus tard acquéreur de la terre de Chavagneux (2), devient seigneur engagiste du Châtelard, au prix de 12,572 livres (3), et au mois de décembre de la même année, de la seigneurie de Villeneuve, au prix de 4,000 livres (4).

Le 10 avril 1552, la seigneurie de Beauregard est vendue aussi, au prix de 9,650 livres, à Clémence Viole, femme de Jean Albisse, notaire et secrétaire du roi, qui la revendit, le 23 octobre 1555, à Jean Baronnat, conseiller au Parlement du Dauphiné (5).

Enfin, le 3 juillet de la même année, la seigneurie de Trévoux est vendue, au prix de 52,200 livres, à Jean Paffi, déjà seigneur engagiste de Néronde et de Cleppé, et à François et Nicolas Henry, fils de Guyot Henry (6). Mais, le 2 juillet 1566, Louis de Bourbon, duc de Montpensier, prince souverain de Dombes, se fit remettre en possession de cette seigneurie, en remboursant le prix payé par les acquéreurs, au moyen de la constitution d'une rente à leur profit de 4,375 livres (7).

L'édit du mois d'août 1543, qui avait ordonné la vente des terres domaniales, jusqu'à concurrence de 600,000 livres

(1) Guigue. *Eodem*, p. 284. — Aubret, III, 270, 279, 286.
(2) V. p. 41.
(3) Aubret. *Mémoires pour servir à l'histoire de Dombes*, III, 298.
(4) Guigue. *Topographie de l'Ain*, p. 431. — Guichenon. *Dombes*, I, 151. Aubret, III, 280.
(5) Guigue. *Dictionnaire de l'arrondissement de Trévoux*, p. 23.
(6) *Revue du Lyonnais*, 2e série, XII, 514. — Aubret. *Mémoires*, III, 336.
(7) Aubret. *Mémoires pour servir à l'histoire de Dombes*, III, 299 et 336.

tournois, avait été suivi de lettres royales fixant la part du Dauphiné à 3o,ooo livres tournois (1).

Ce fut en exécution de ces lettres, que furent mises en vente les seigneuries et mandement de Crémieu, de Quirieu et de la Balme, dont se rendit acquéreur. le 12 octobre 1543, Guyot Henry, marchand de Lyon, déjà seigneur engagiste des châtellenies de Feurs et de Donzy en Forez. Cette vente lui fut consentie au prix de 9,999 livres tournois, qui furent payées immédiatement à Mre Artus Prunier, trésorier général du Dauphiné (2).

Guyot Henry fut mis solennellement en possession de la terre et seigneurie de Crémieu, le 26 octobre 1543. Mais après sa mort, survenue le 2 janvier 1544, il fut procédé, le 24 janvier 1550, à la revente de ces trois seigneuries, dont ses trois fils, Guyot, François et Nicolas, demeurèrent possesseurs, en payant une somme de 5,410 livres, 10 sous 8 deniers à titre de plus-value, plus 1,590 livres, 8 sous 4 deniers pour frais et loyaux coûts. Plus tard, Nicolas Henry étant devenu seul seigneur de ces trois terres, les revendit, en 1571, à Barthélemy Emé, sieur de Saint-Jullin, et président du Parlement de Grenoble (3).

Ainsi, partout se produit le même fait : quand une terre noble est mise en vente, presque toujours elle passe à quelque famille bourgeoise. Sur les quarante seigneuries vendues par le connétable de Bourbon (4), ou confisquées sur ce prince

---

(1) Abbé Chevalier. *Ordonnances des rois de France relatives au Dauphiné*, n° 847. — « Lettres portant commission à l'archevêque de Vienne, et autres y dénommés, de procéder à l'aliénation du domaine jusqu'à la somme de 3o,ooo l. t. de revenu, etc. C. D. A Folembray, le 7 août 1543. »

(2) Archives de l'Isère, B., 3o67. f° 94, 115 et 162.

(3) Archives de l'Isère, B., 3o69, f° 3o, 3o81, f° 211 et s. et 3135. — V. Delachenal. *Histoire de Crémieu*, p. 111 et 114.

(4) Furent vendues, avant sa défection, par le connétable de Bourbon, les seigneuries de Riverie, Châtelus, Fontanez et Bellegarde. Les trois

après sa défection, trois seulement sont aliénées au profit de gentilshommes d'ancienne noblesse (1); tout le surplus est acquis par des roturiers et le plus souvent par des commerçants de Lyon. Il est vrai que la plupart de ces derniers ne tardèrent guère à parvenir à la noblesse par l'échevinage. Mais, par cela même, il semble que nos échevins lyonnais ne se croyaient véritablement anoblis que le jour où ils pouvaient ajouter à leur nom patronymique celui de quelque terre seigneuriale.

III. — **Les banquiers et marchands florentins acquéreurs de terres nobles.** — Un certain nombre des riches marchands et banquiers florentins, établis à Lyon au XVIᵉ siècle, apparte·naient dans leur pays à d'anciennes familles nobles. Mais quelle que fut leur origine, tous sans exception se livrèrent au commerce ou aux opérations de banque dans notre ville et se firent inscrire, comme bourgeois de Lyon, sur les registres des *nommées* (2). Plusieurs d'entre eux, comme les Gadagne et les Gondi, furent élevés aux honneurs du consulat. L'interdiction faite par l'ordonnance de 1560 à tout gentilhomme de faire le commerce, sous peine de dérogeance (3), et les réserves expri·mées par le Parlement, en enregistrant l'édit de 1574 de

premières furent acquises, en 1513, par Claude Laurencin, bourgeois de Lyon, et la dernière par Guillaume de Bron, seigneur de la Liègue, qui l'acheta en 1521, au prix de 4,000 livres.

(2) Les trois seigneuries acquises par des gentilshommes de race noble furent celle de Bellegarde, acquise par Guillaume de Bron, et celles de Chambéon et de Marclopt, engagées en 1543, au profit d'Artaud d'Apchon, seigneur de Montrond.

(2) On appelait ainsi les registres sur lesquels se faisaient inscrire les habitants qui voulaient jouir du droit de bourgeoisie.

(3) Article 110 de l'ordonnance d'Orléans : « Défendons aussi à tous « gentilshommes et officiers de justice le faict de trafique et de marchan-« dise, et prendre ou tenir fermes par eux, ou personnes interposées, à « peine ausdits gentilshommes d'estre privés des privilèges de noblesse et « imposez à la taille ; et quant aux officiers, de privation de leurs estats. »

Henri III, qui confirma les privilèges accordés par Charles VIII aux échevins de Lyon (1), ne sauraient donc permetre de les considérer véritablement comme nobles et vivant noblement, pendant qu'ils se livraient aux opérations de banque ou de négoce. Aussi, est-il plus vrai de dire que, pendant ce temps-là au moins, leur noblesse sommeillait, comme on l'a dit fort justement (2).

Telle était bien d'abord la situation des Gondi qui, dès leur arrivée à Lyon, se livrèrent aux spéculations commerciales, comme tous les Italiens réfugiés à cette époque dans notre ville. Antoine Gondi, le premier auteur connu de cette famille devenue plus tard célèbre, fut ainsi l'un des marchands épiciers, signataires des ordonnances du grabeau du 3 avril 1519 (3), et ce ne fut qu'en 1537 qu'il fut nommé conseiller de ville.

Mais, dès le 16 février 1520, par un acte de vente consenti au profit « d'honorable homme, Antoine Gondi, marchand « florentin, bourgeois de Lyon », il achetait de Claude Besson, qui en était possesseur, la terre seigneuriale du Perron à Oullins, près de Lyon, au prix de 625 livres tournois (4).

Ce même acte nous apprend qu'à cette époque la terre du Perron comprenait les bâtiments ruinés du vieux château du Perron, avec deux maisons d'exploitation, 148 *hommées* de vigne, 3 bicherées de garenne, 12 bicherées de bois et 13 bicherées de terre (5), le tout contigu et de franc-alleu, avec la faculté de « chasser à tous engins dans la garenne des Pitrat. » En outre, de cette terre dépendaient encore divers tènements

---

(1) *Privilèges des prévôts des marchands, échevins et habitants de Lyon,* p. 35, 39 et 47.

(2) Paul Viollet. *Précis de l'histoire du droit français,* p. 224.

(3) V. sur ce droit la note 2 de la page 42.

(4) Archives de la Charité, B., 180 et 183.

(5) La surface de l'hommée de vigne était de 4 ares 65 centiares, et celle de l'ancienne bicherée lyonnaise, de 13 ares 93 centiares.

de prés, terres et vignes, situés dans diverses localités. Mais à ce moment la justice de ce fief appartenait encore à l'archevêque de Lyon, en sa qualité de seigneur d'Oullins, et comme le château du Perron était en ruine, Antoine Gondi dut le faire reconstruire en entier. Cette reconstruction fut faite avec un luxe, dont on retrouve encore des restes dans l'édifice actuel, devenu un asile de vieillards. Aussi, lorsque, le 11 février 1555, il revendit cette terre à Albisse d'Elbène, aussi Florentin, conseiller du roi, et à Lucrèce Calvacanti, son épouse, le prix de vente s'éleva-t-il à 11,500 livres. Et ce prix fut même porté à 8,000 écus d'or, quand, le 23 février 1582, Alexandre d'Elbène revendit le Perron, avec toutes ses dépendances, à Antoine Camus, trésorier général de France et baron de Riverie, qui depuis le 23 juillet 1575 s'était déjà rendu acquéreur, au prix de 3,000 livres, de la justice haute, moyenne et basse de cette seigneurie, vendue sur l'archevêque de Lyon par défaut du paiement d'une taxe (1).

Nous avons vu déjà Laurent Capponi, le riche banquier florentin qui nourrit à Lyon, trois mois durant, 4,000 pauvres pendant la grande famine de 1573, devenir possesseur de la terre d'Ambérieu en Dombes, et son fils Alexandre Capponi acquérir, en 1586, le château et la seigneurie de Feugerolles.

Il nous suffira de rappeler aussi les acquisitions de terres nobles faites par les Paffi dans le Forez, la Dombes et le Mâconnais.

Mais nous devons nous attacher plus longuement à la famille Gadagne.

Indépendamment des fiefs que nous lui avons vu acquérir dans le Forez et dans la Dombes, Thomas Gadagne, dont nous avons déjà parlé à plusieurs reprises, fut en possession de

(1) Archives de la Charité, B., 180. — Archives historiques du départ. du Rhône, II, 289.

plusieurs autres terres seigneuriales. Telles furent celles de
Lunel et de Saint-Victor-de-la-Coste en Languedoc (1). Telle
fut aussi celle de Beauregard à Saint-Genis-Laval, près de
Lyon, résidence princière, où, le 29 juin 1564, furent reçus le
roi Charles IX avec son frère le duc d'Anjou, et, le 6 juillet
suivant, le roi de Navarre, depuis Henri IV, avec la reine
mère Catherine de Médicis (2).

A toutes ces terres, Thomas Gadagne ajouta encore la seigneurie de Verdun en Bourgogne, qu'il acquit, en 1548, avec
son fils Guillaume, de la famille de la Chambre, au prix de
2,400 florins, et dont les dépendances comprenaient treize
paroisses ou parties de paroisses (3).

Devenu possesseur de toutes ces terres, son fils Guillaume
se rendit encore acquéreur du château et de la seigneurie de
Bouthéon en Forez, qui lui fut vendue, au mois d'avril 1561,
par Gaspard de Montmorin, seigneur de Saint-Hérem en Auvergne, au prix de 46,000 livres tournois (4). La justice de
cette terre ne comprenait, il est vrai, que les paroisses de Bouthéon et de Veauche. Mais le château, bâti par Mathieu de
Bourbon à la fin du XVᵉ siècle, était déjà à cette époque l'un
des plus remarquables de la province.

En 1563, nous voyons encore Guillaume Gadagne devenir
seigneur engagiste des châtellenies de Virigneux, du Fay
(Saint-Jean-de-Bonnefonts), de Saint-Héand et de Saint-
Galmier en Forez.

Enfin, il complète toutes ces acquisitions en achetant, en
1592, d'Antoine le Mastin, sieur de la Merlée et de Villeneuve, la rente noble de la Merlée, près de Noirétable (5).

---

(1) Archives histor. du départ. du Rhône, II, p. 345.
(2) Péricaud. *Notes et documents pour servir à l'histoire de Lyon*, 29 juin
et 6 juillet 1564. — Archives hist. du Rhône, II, 288. — D'Aubais. *Pièces
fugitives pour servir à l'histoire de France*, t. Iᵉʳ.
(3) Courtépée. *Description du duché de Bourgogne*, III, 282.
(4) Biblioth. de Saint-Étienne. *Livre de famille*, 1527-1683 (n° 517).
(5) Broutin. *Histoire des châteaux historiques du Forez*, I, 52.

Mais après la richesse et la possession des terres seigneuriales, il fallait à nos Florentins les titres et les honneurs ré-
servés à la noblesse. Ils les obtinrent bientôt. Nous avons
déjà vu Philippe Paffi, qui avait succédé à son père dans le
commerce de l'épicerie, devenir baron de la Bussière et bailli
de Mâcon (1). Les deux fils d'Antoine Gondi parvinrent encore
à de plus hautes dignités : l'aîné, Albert, devint maréchal de
France, en 1575, pendant que son frère, Pierre, était promu
au siège épiscopal de Paris, en 1570. Et personne n'ignore la
célébrité obtenue par le petit neveu de ce dernier, Paul de
Gondi, si connu sous le nom de cardinal de Retz.

L'élévation des Gadagne n'est pas moins remarquable. Si
Thomas Gadagne, conseiller de ville en 1536, qui prêta géné-
reusement au roi François Ier 50,000 ducats, pour compléter le
prix de sa rançon, paraît avoir vécu toujours bourgeoisement,
il en est autrement de son frère et héritier, Thomas, deuxième
du nom, qui devint, comme nous l'avons vu, possesseur de
nombreuses terres seigneuriales, tout en continuant à se
livrer aux grandes opérations de banque qui avaient enrichi
sa famille. Mais Guillaume, fils de ce dernier, rompant tout
lien avec le commerce, reprend pleinement son rang nobiliaire,
en se distinguant dans la carrière des armes, à la défense de
Metz et à la bataille de Saint-Quentin. Sénéchal de Lyon en
1554, seigneur de Bouthéon en 1561, il venait encore d'être
élevé aux fonctions de lieutenant général des provinces de
Lyonnais, Forez et Beaujolais en 1588, quand il fut élu, la
même année, député de la noblesse forézienne aux États-Généraux de Blois, si bien qu'à cette époque aucun membre de
nos plus anciennes familles chevaleresques ne jouissait, dans
nos pays, d'un plus grand crédit et d'une plus haute considération que ce descendant de nos anciens banquiers florentins, qui avaient trouvé à Lyon une seconde patrie.

(1) V. ci-devant, page 50.

CONCLUSION

Conséquences de l'acquisition des fiefs par les roturiers, au point de vue
politique, au point de vue économique et au point de vue social.

Nous arrêtons ici cette étude sur l'acquisition des terres
nobles par les roturiers, dans l'ancienne généralité de Lyon.
Il faut à la vie de luxe et de satisfactions honorifiques, que
recherchait dans la possession de ces terres la classe bourgeoise enrichie, la sécurité que donne la paix. Aussi les
guerres civiles et religieuses, qui remplissent les dernières
années du XVIe siècle, viennent-elles arrêter pendant toute
leur durée l'évolution sociale, dont nous avons constaté les
progrès incessants dans nos anciennes provinces.

Mais avec la pacification du royaume, due au règne répa-
rateur d'Henri IV, ce mouvement renaît plus général et plus
fort, pour se poursuivre sans s'arrêter jusqu'en 1789, époque
où la plus grande partie des terres seigneuriales ont changé
de mains, malgré les obstacles créés par une législation, qui
sanctionnait rigoureusement le régime des substitutions.

A l'époque où nous sommes arrivé, ce résultat matériel
peut déjà être prévu, et nous pouvons, d'autre part, reconnaître les effets du changement qui s'est opéré, depuis plusieurs siècles, dans la qualité des possesseurs des terres seigneuriales.

I. — Au point de vue politique, cette possession des fiefs par la bourgeoisie est le complément de la ruine du régime féodal au profit de la royauté. Le règne de la féodalité avait été le morcellement de la souveraineté et la division des intérêts. Pendant des siècles, les rois de France ont lutté sans relâche contre le pouvoir des seigneurs féodaux. A force d'énergie et de persévérance, ils les ont dépouillés peu à peu de tous les droits régaliens les plus importants, usurpés sur la couronne, aux temps d'anarchie de la période carloíingienne. Droit de paix et de guerre, droit de battre monnaie, droit de lever des impôts sans contrôle, droit d'anoblissement et d'affranchissement des communes, tout cela a disparu, si bien qu'au XVI° siècle, il ne reste plus guère aux possesseurs de fiefs que les droits de justice. Mais cette justice elle-même n'est plus souveraine. Par le droit d'appel, par la création des bailliages et des sénéchaussées, et plus tard par celles des présidiaux, la justice seigneuriale tend à s'amoindrir chaque jour.

Par tradition de famille, l'ancienne noblesse pouvait regretter la perte de tous ces droits, dont avaient joui ses aïeux; il n'en était pas de même du bourgeois devenu grand seigneur, et qui s'estimait trop heureux de la jouissance des privilèges attachés à la possession d'un fief. Que pouvait redouter la royauté de ces nouveaux feudataires, nobles de la veille, ou bourgeois anoblis demain, sans passé, sans prestige dû à l'ancienneté de la race? Quelle résistance pouvaient opposer aux envahissements du pouvoir royal ces petits seigneurs, entre lesquels se divisent toutes les terres d'un grand fief réuni à la couronne? On l'a vu notamment pour les seigneuries qui avaient formé le domaine du connétable de Bourbon. Mieux valait, sans aucun doute, pour l'œuvre de centralisation que poursuivait la royauté, ces nombreux seigneurs engagistes, sans puissance et sans attaches au sol, que ce grand feudataire avec lequel il fallait compter. La substitution d'un pouvoir unique à la confédération des petits états féodaux en était bien mieux assurée, et la royauté pouvait désormais recouvrer sans obstacles l'administration de tout le royaume, par la création de ses gouverneurs de provinces, et plus tard de ses intendants et de ses subdélégués, chargés de faire pénétrer l'action du pouvoir central jusque dans les coins les plus reculés du territoire.

C'est ainsi que, par la possession des fiefs, la classe bourgeoise a contribué dans une large mesure à faciliter l'unification du pays, et l'on comprend mieux, par ce résultat, comment nos rois ont favorisé constamment son élévation, en lui demandant ses conseillers les plus distingués et ses plus fidèles serviteurs. La correspondance de Catherine de Médicis avec ses fils est pleine de curieux renseignements sur ce sujet. Car c'est elle-même qui nous apprend que François Ier surtout avait érigé en système de gouvernement le soin de s'attacher dans chaque province, par des faveurs diverses, les hommes de toute condition, pouvant par leur fortune ou leur crédit l'aider à tenir le pays sous sa dépendance (1). Sibylle Bullioud, femme de Claude Laurencin, baron de Riverie, devient ainsi dame d'honneur de la reine Claude de France, après l'avoir été de la reine Anne de Bretagne, pendant que l'un de ses fils obtient le titre de premier aumônier du roi François Ier (2). De même, Antoine Gondi, seigneur du Perron, anobli par l'échevinage, est élevé aux fonctions de maître d'hôtel du Dauphin, pendant que sa femme, Marie de Pierrevive, remplit celles de gouvernante du duc d'Orléans (1555) (3).

(1) Archives curieuses de l'Histoire de France, 1re série, t. V, p. 253.
(2) Archives historiques du Rhône, VI, p. 115.
(3) Archives de la Charité, B., 180.

Aussi cette nouvelle noblesse, qui devait tout à la royauté, lui fut-elle très attachée, et quand vinrent les dernières guerres de la Ligue, dans nos provinces, les plus fidèles partisans du roi Henri IV furent-ils les Gadagne, les Camus, les Grollier, les Scarron, les Coton, les uns déjà anoblis par les fonctions publiques, les autres encore simples possesseurs de terres nobles, qui ne pouvaient refuser leur dévoûment à ce pouvoir qui avait favorisé leur élévation (1).

II. — Au point de vue économique, l'acquisition de terres nobles par les familles bourgeoises ne nous révèle pas seulement un accroissement considérable de la fortune publique et privée, elle nous montre aussi une nouvelle force sociale qui entre en scène et va s'imposer au monde moderne : la puissance

(1) Guillaume de Gadagne, seigneur de Bouthéon, après s'être prononcé ouvertement contre la Ligue, figure ainsi au nombre des chefs d'une conspiration formée, au commencement de l'année 1590, pour s'emparer de la ville de Lyon. (Bernard. *Les d'Urfé*, 267.) — Antoine Camus, aussi partisan du roi Henri IV, vit son château de Riverie pris et rasé par les Ligueurs, au mois d'août 1590, sans que sa fidélité envers ce prince en fût ébranlée. (Péricaud. *Notes et documents*, ann. 1589 et 1590. — Clerjon. *Hist. de Lyon*, V, 389.) — Antoine Grollier de Servières et son frère Imbert Grollier du Soleil ne se distinguèrent pas moins par leur dévoûment à la cause royale. Après avoir été emprisonnés, en 1589, au château de Pierre-Scise par les ligueurs, ils parvinrent à s'échapper et à se réfugier en Suisse, d'où ils amenèrent à l'armée royale, réunie à Melun, une troupe de 1,500 hommes levée par l'ambassadeur Sillery. Après avoir assisté au siège de Rouen, et pris part à tous les combats que dut livrer Henri IV pour conquérir son royaume, les deux frères Grollier accompagnèrent d'Ornano dans son entrée solennelle à Lyon, le 7 février 1594. Antoine Grollier fut ensuite envoyé en mission par le roi, en Suisse, puis à Turin. Ses biographes rapportent qu'il mourut de douleur, au mois de mai 1610, en apprenant la mort d'Henri IV. (V. Pernetti. *Lyonnais dignes de mémoire*, I, 338. — Péricaud. *Notes et documents*, ann. 1594. — Thomas. *Mémoires pour servir à l'histoire de Lyon pendant la Ligue*, p. 42.) — Quant à Jacques Coton, frère du célèbre jésuite de ce nom, les preuves de son dévoûment à la cause du roi Henri IV sont rapportées nettement dans les lettres de noblesse, qui lui furent accordées par ce prince, au mois d'avril 1610. V. *Pièces justificatives*, n° 7.

du capital, le prestige que donne la fortune, la prospérité qui va naître des immenses ressources dues au développement du crédit, à la découverte du Nouveau Monde, à la création d'industries nouvelles.

Jamais peut-être cette influence ne s'est fait sentir à un pareil degré dans nos campagnes. Non seulement le XVI⁰ siècle est un temps de progrès en agriculture (1), il est constant aussi que tout changement de mains dans la propriété territoriale amène nécessairement une exploitation meilleure et des produits plus abondants.

A ces considérations générales s'ajoute ici une raison particulière : ruinée par les croisades et la guerre de Cent ans, l'ancienne noblesse chevaleresque vivait pauvrement dans ses terres, et nous pouvons aujourd'hui encore, par les vieux manoirs féodaux qui ont échappé à la destruction, juger à quelle vie modeste étaient réduits ces vaillants chevaliers, illustrés par tant de prouesses. Partout, au contraire, où le bourgeois enrichi est devenu, au XVI⁰ siècle, possesseur d'une terre noble, le château-fort du moyen âge s'est transformé ou a fait place à quelques élégantes constructions de la Renaissance (2). A Beauregard, la somptueuse demeure des Gadagne a disparu. Mais au Perron, à Bouthéon, à Châtillon d'Azergues, à Feugerolles, nous retrouvons encore de beaux restes des embellissements dus à leurs nouveaux possesseurs, quand ils n'ont pas remplacé par un nouvel édifice l'ancienne demeure seigneuriale, devenue insuffisante ou indigne des riches bourgeois du XVI⁰ siècle.

Or, de pareils travaux ne se font pas sans nécessiter de grandes dépenses, et le capital dépensé demeure presque tout

(1) Olivier de Serres. *Théâtre d'agriculture.* — Monteil. *Hist. des Français des divers états.* XVI⁰ siècle, p. 137. — Dareste. *Histoire des classes agricoles en France*, p. 309.

(2) Dareste. *Histoire des classes agricoles*, p. 310.

entier dans la contrée, dont il accroît nécessairement l'aisance et la prospérité. De là encore une autre cause certaine de progrès dans la culture du sol et le bien-être de la population rurale.

On a dit, il est vrai, que ces nouveaux maîtres, qui venaient de débourser des sommes considérables pour l'acquisition de leurs seigneuries, se montrèrent vis-à-vis de leurs tenanciers plus rigoureux et plus exigeants que les anciens seigneurs, habitués à vivre au milieu d'eux. Ce fait peut être exact, puisqu'il a été observé sur divers points du territoire (1). Pourtant, si les nouveaux possesseurs de ces terres étaient désireux d'en retirer le revenu du capital engagé, n'étaient-ils pas intéressés par cela même à l'amélioration du sol et de la culture ? Il est donc peut-être dangereux de trop généraliser ce fait, car il suffit souvent de quelques abus pour faire croire à l'existence d'un état de choses normal et régulier. Enfin, il ne faut pas perdre de vue, d'autre part, que c'est précisément, à ce moment, que fut diminuée la taille seigneuriale, par suite de la substitution des agents de la royauté aux pouvoirs locaux, dont les charges se trouvèrent ainsi notablement diminuées.

III.— Au point de vue social, l'entrée de la bourgeoisie française dans l'aristocratie, par suite de la possession des terres nobles, inaugure une période de transition, caractérisée par une fusion lente, mais continue, entre les diverses classes formant le corps de la nation. Après être arrivé à l'unité du pays, on marche désormais vers l'unité de la société. Au XVI° siècle, ce mouvement qui tend à la dégager des dernières entraves de la féodalité est déjà bien sensible. Non seu-

(1) Babeau. *Le village sous l'ancien régime*, p. 180. — De Tocqueville. *L'ancien régime et la Révolution*, p. 202. — Broutin. *Histoire de la ville de Feurs*, p. 195. — Dareste. *Histoire des classes agricoles*, p. 399.

lement la bourgeoisie est en possession de beaucoup de terres nobles; elle siège encore dans les conseils du roi et au Parlement et les offices des finances sont entre ses mains.

Tout cela accuse déjà une profonde transformation dans la société française. Mais ce progrès se poursuit encore sans interruption pendant près de trois siècles. A compter du moment où il devient facile d'entrer dans l'ordre de la noblesse, soit par l'anoblissement direct, soit par les fonctions publiques, soit par l'achat de quelque office de judicature, la situation de la classe nobiliaire parut beaucoup moins élevée aux yeux de la classe du peuple. Encore moins grande lui paraissait la distance qui la séparait d'un simple bourgeois non anobli en possession d'une terre seigneuriale. Et c'est ainsi que chaque jour tendait à s'effacer la distinction entre les diverses classes de la population française.

Sans doute, ce mouvement progressif rencontra plus d'un obstacle. Le bourgeois est jaloux de la noblesse, tout en convoitant ses titres et ses privilèges. De son côté, l'ancienne noblesse méprise les nouveaux anoblis et même les anciens nobles non possesseurs de fiefs (1). Enfin, le droit de franc-fief, partout où il subsiste, tend à créer une séparation bien caractérisée entre le roturier et le gentilhomme. Néanmoins, un rapprochement forcé se fait entre toutes les classes. D'un côté, la bourgeoisie s'accroît chaque jour par l'accession des classes laborieuses qui s'élèvent par le travail et l'épargne, pendant qu'elle-même se rapproche de la noblesse par l'exercice des fonctions publiques et la possession des terres seigneuriales.

C'est ainsi que peu à peu la société tend à son unité. Sous

(1) On peut, à cet égard, citer l'exemple de Mirabeau, que les gentils-hommes de Provence refusèrent d'admettre, en 1788, aux réunions préparatoires des États-Généraux, parce qu'il n'était pas possesseur de domaines fieffés.

l'influence des évènements et de l'opinion publique, ce travail insensible, dont l'évolution a duré de longues années, est déjà bien avancé au XVIIIe siècle. Aussi, quand viendra 1789, la Révolution sera-t-elle opérée dans les idées et dans les mœurs, avant de se faire dans les lois, et verra-t-on la noblesse, renouvelée depuis bien longtemps déjà par des éléments empruntés au tiers-état, renoncer elle-même à ses derniers privilèges, devenus incompatibles avec le principe d'égalité, qui allait servir de base à notre état social.

PIÈCES JUSTIFICATIVES

I

Vente par Alix, veuve de Guillaume de Senesches, chevalier, et ses enfants, à Pierre et Ponce de Saligny, bourgeois de Saint-Haon, de leur alleu de la Bletarnée et du domaine d'un pré et d'un bois.

21 SEPTEMBRE 1258.

Nos Albertus de Foresta, gerens vices domini comitis Forensis, notum facimus universis quod cum Hugoninus, Guillelmus et Artauda, liberi quondam et heredes Domini Guillelmi de Senesches, quondam miles, essent gravibus debitis honerati et non essent mobilia in bonis et hereditate dicti domini Guillelmi de Senesches unde posset eorumdem liberorum creditoribus satisfieri competenter, prout nobis, tam per juramentum domine Halys, matris et genetricis dictorum liberorum, quam per assertiones proborum virorum qui veritatem agnoscebant, constitit evidenter; cum etiam non inveniretur qui bona dicte hereditatis vellet in pignus vel ypothecam accipere, habito super hoc diligenti tractatu, decreto et auctoritate nostra intervenientibus, dicta domina Halys, nomine tutorio dictorum liberorum, videlicet Hugonini et Guillelmi et Artaude, et etiam Johanninus, filius quondam et coheres dictorum liberorum in bonis et hereditate dicti domini Guillelmi de Senesches, in nostra presencia existentes, vendunt et nomine seu titulo perfecte venditionis tradunt, vel quasi, et liberi concedunt Petro et Ponzcio de Saligniaco, fratribus, burgensibus Sancti Habundi, et suis imperpetuum, et in eos totaliter transferunt, precio quinquaginta librarum Viennensium, quas quinquaginta libras confitentur dicti domina Halys et Johanninus se habuisse et recepisse integre in bona pecunia numerata et in utilitatem dictorum Hugonis et Guillelmi et Artaude ac etiam Johannini, et precipue debitorum in solutionem totaliter fuisse conversas, cum alia bona mobilia non haberent unde posset satisfieri creditoribus, prout superius est expressum, in francum alodium terram de la Bletarnee, juxta terram domini de Roenna et Duranni Grossini, ex una parte, et juxta terram domus Amberte, ex altera, et juxta chiminum quo tenditur a Sancto Habundo apud Aguylleu, ex altera ; quam terram Thassetus de Briallos, Hugo, frater ejus, et Guillelma de Briallos, relicta fratris dictorum Thaseti et Hugonis, tenebant et possidebant a predictis domina Halys, nomine liberorum suorum predictorum, et a Johanne, videlicet medietatem dicte terre, sub annuo censu unius sextarii avene et VII solidorum fortium lugdunensium et unius galline, et aliam medietatem ad taschiam. Item dominium cujusdam prati siti in eodem territorio, quod tenebat ab eis Guillelmus Odoni sub annuo censu quatuor denariorum fortium lugdunensium. Item nemus quod dicta domina, nomine dictorum liberorum, et dictus Johanninus habebant, tenebant et possidebant infra predictas fines. Cedunt et concedunt dictis burgensibus nomine venditionis predicte, etc... Renunciantes, etc... In quorum omnium testimonium et veritatem, ad preces dictorum venditorum, eisdem burgensibus presentes litteras concedimus sigillatas sigillo curie Forensis imperpetuum valituras. Actum et datum die sabbati post octabam Nativitatis beate Marie, anno Domini Mᵒ CCᵒ Lᵒ VIIIᵒ. — Testes qui interfuerunt dicte venditioni facte per decretum sunt hii : dominus Poncius Charsalaa, Girardus Veteris, dominus Albertus de Cosant, Petrus et Poncius de Saligniaco, fratres, et plures alii.

(Cartulaire des francs-fiefs du Forez, ch. xx.)

2

Extrait de l'édit du roi Charles VIII, en faveur des conseillers de ville et des bourgeois de Lyon.

DÉCEMBRE 1495.

Charles, par la grace de Dieu, roy de France, de Sicile, de Hiérusalem, Dauphin de Viennois, comte de Valentinois et de Diois..., sçavoir faisons... Premièrement, pource que de toute ancienneté les faicts et affaires communs en nostre dite ville et cité de Lyon, ont accoustumé d'estre regis, gouvernez et administrez par douze conseillers qui pour ce sont eleus et constituez des plus notables suffisans et idoines de ladite ville .. Nous pour accroistre l'honneur d'iceux douze conseillers, tant présens qu'à l'advenir, ensemble de leur postérité et lignée, née et à naistre en loyal mariage, afin qu'ils ayent meilleur courage et vouloir de diligemment vaquer et entendre au régime, gouvernement et administration desdits faicts et affaires communs d'icelle ville et eux y employer, et que ce soit exemple à tous autres, en manière que chacun mette peine en soy de valoir, pour parvenir à l'estat de conseiller : Iceux conseillers présents et à venir, s'ils n'estoient nais et extraits de noble lignée ; avons annobli et annoblissons par ces présentes, et du titre et privilège de noblesse, eux et leur dite postérité née, et à naistre en loyal mariage decorez et decorons. Voulans et concédans qu'au temps à venir, ils, et chacun d'eux, avec toute leur dite postérité et lignée, née et à naistre en loyal mariage, soient reputez et tenus nobles, et pour tels de tous, et en tous faicts et actes, receus et admis : Et que des privilèges, franchises et libertez qu'usent les autres nobles de nostre royaume, ils joüyssent et usent, et puissent venir à l'estat et ordre de chevallerie en temps et lieu, et acquièrent en nos Royaumes et Dauphiné, fiefs, rière-fiefs, juridictions, seigneuries et nobles tènemens, sans pour ce ne autrement payer à nous, ou à nos successeurs, aucune finance...

Et, en outre de nostre plus ample grace et libéralité, avons donné et octroyé, donnons et octroyons par cesdites présentes ausdits bourgeois, marchands et autres manans et habitans de nostre dite ville de Lyon, et à chacun d'eux qui auront eu biens immeubles cinq cent livres tournois, pour une fois, qu'ils et chacun d'eux, puissent en nostre dit Royaume et Dauphiné, acquérir fiefs, et autres choses nobles, jusques à la valeur de cinquante livres tournois de rente ; et iceux, avec ceux qu'ils ont, ou auront par eux ou leurs prédécesseurs, acquis, tenir et garder, sans d'iceux payer à nous ni à nos successeurs roys de France, aucune finance de francs fiefs ou de nouveaux acquests...

Donné à Lyon, au mois de Décembre, l'an de grace mil quatre cens quatre vingt et quinze, et de nos règnes de France, le treizième, et de Sicile le premier.

CHARLES.

(Recueil des privilèges des prévost des marchands, eschevins et habitans de la ville de Lyon, p. 2 et suiv.)

3

Alliénations anciennes faites par les feus ducs et duchesses de Bourbon, comtes de Forestz, dont les papiers et contracts sont à la Chambre des comptes à Paris (1513 et 1521).

Les baronnies, seigneuries de Riverie, Chastellus, Fontaney, furent vendues en l'an 1513 par lesdits seigneurs de Bourbon à Claude Laurencin, de Lyon, pour la somme de quatre mil escus couronne, vallant ainsi que lors on les estimoit cinquante quatre marcs 3 escus et demy d'or.

La terre et seigneurie de Bellegarde fust vendue par lesd. seigneur de Bourbon, en l'an 1521, au sieur de la Liègue pour le prix de 4,000 livres.

(Archives de la Loire, A., 124.)

4

Aliénation à réachat perpétuel du temps de François 1ᵉʳ (1537).

La terre et seigneurie de la Tour en Jarez fut vendue, en 1537, à Jean Paulat, marchand de Saint-Estienne-de-Furans, pour le prix de 12,000 livres, ayant vallu en dix années dix-neuf cent cinquante-quatre livres un sol, onze deniers tournois et revenant pour l'année commune à la somme de 195 livres, 8 sols, 12 deniers tournois.

La terre et seigneurie de Virignieu en lad. année (1537), à Mʳᵉ Hugues du Puy, lieutenant particulier de Lyon et Catherine Barbine, sa femme, pour le prix de 2,000 livres tournois, ayant vallu en dix ans 919 livres, 15 sols, 6 deniers tournois.

La terre et seigneurie du Fay, en lad. année audit du Puy, pour le prix de 1,600 livres tournois, ayant vallu en dix années précédentes 1,580 livres, 15 sols, un denier tournois, revenant à 158 livres pour l'année commune des dix.

Les villes, seigneuries de Saint-Galmier et Saint-Héand en lad. année, à Thomas Gadaigne, banquier de Lyon, pour le prix, assavoir, led. Saint-Galmier, de 4,892 livres, 3 sols, 4 deniers. — Et led. Saint-Héand de 10,629 livres 11 sols, montant le tout 15,521 livres 14 sols 4 deniers tournois, ayant vallu en dix années précédentes, assavoir led. Saint-Galmier 490 livres 4 sols 4 deniers tournois et ledit Saint-Héand 1,062 livres 19 sols 3 deniers tournois.

(Archives de la Loire, A., 124.)

5

Autres aliénations faites à réachapt perpétuel du temps du roi François par Mʳᵉ Claude de Chasteauvieux, maistre d'hostel ordinaire de Sa Majesté et Jean du Peyrat, lieutenant général de Lyon à ce commis et députés, en l'an 1543.

La ville et la chastellenie de Saint-Bonnet-le-Chastel, ensemble la seigneurie de Marols, l'an 1543 à Jean Camus de Lyon, pour le prix de

7,000 livres tournois ayant été estimé de revenu annuel sur dix années réduites à une année commune, 673 livres 4 sols tournois.

La terre, seigneurie, chastellenie de Chastel-Neuf, en lad. année (1543), aud. Camus et, depuis, par lui remise à Mre Philippe Yppolite, procureur du Roy en Forez, pour le prix de 4,500 livres tournois, ayant été estimé de revenu annuel sur dix années réduites à une année commune de 437 livres tournois.

Les terres, seigneuries de Cleppé et Neyronde, en lad. année (1543), à Jean Paffi, marchand de Lyon, pour le prix de 5,625 livres tournois, ayant été estimé de revenu annuel sur dix années redduites à une commune, à savoir led. Neyronde, 1,241 livres 3 sols 4 deniers obole et led. Cleppé 258 livres 4 sols 7 deniers tournois.

Les villes et chatellenies de Feurs et de Donzy en lad. année, à Guiot Henry, marchand de Lyon, pour le prix de 13,767 livres 10 sols tournois, ayant été estimé de revenu annuel sur dix années réduites à une commune, à savoir led. Feurs 809 livres 7 sols tournois et led. Donzy 363 livres, 8 sols, 5 deniers.

La terre et seigneurie de Saint-Romain-le-Puy et Monsupt en lad. année, à Mre Estienne Berthaud, pour le prix de 2,900 livres tournois, ayant été estimé du revenu annuel sur dix années réduites à une commune 282 livres 2 deniers obolle.

La terre et seigneurie de Sury-le-Bois en lad. année (1543), à M. François Sollasson de Lyon, pour le prix de 4,781 livres 10 sols tournois, ayant été estimé du revenu annuel sur 10 années réduites à une commune 478 livres 4 sols tournois.

Les terres, seigneuries de Saint-Victor et la Fouillouse en lad. année, à Jacques Bourdon, marchand de Saint-Estienne-de-Furan, pour le prix de 6,700 livres tournois, ayant été estimé de revenu annuel sur dix années réduites à une commune, 669 livres et treize sols, 7 deniers obole.

Les terres et seigneuries de Chambéon et Marclop en lad. année (1543), à Mre Arthaud d'Apchon, seigr dud. lieu et de Montrond, pour le prix de 7,200 livres tournois, ayant été estimé du revenu annuel sur 10 années réduites à une commune 713 livres 7 sols et 10 deniers tournois.

(Archives de la Loire., A., 124.)

6

Autres modernes aliénations faictes à réachapt perpétuel du temps du feu roy Henry.

La ville de Saint-Germain-Laval, en l'an 1549, à M. Clément du Puy, avocat en la cour du Parlement de Paris et à Philippe Pourrat, sa femme, pour le prix de 6,400 livres tournois.

(Archives de la Loire., A., 124.)

7

Lettres de noblesse accordées à Jacques Coton, seigneur de Chénevoux.

AVRIL 1610.

Henry, par la grace de Dieu, roy de France et de Navarre, à tous présens et advenir, salut.

Il est certain que l'origine et commencement de noblesse procede de la vertu, accompagnée de grandeur, de générosité et de courage, estant très juste et raisonnable que ceulx qui l'embrassent, employans leurs vies, biens et moyens au service des roys et princes et pour la conservation de leur patrie, soient, avec leur postérité, eslevés en tel degré d'honneur et de noblesse que leurs louables vertus et services le méritent, affin de les rendre plus obligés à continuer, accroistre et augmenter, pour laisser à leur postérité ung tesmoignage de la récompense de leurs belles actions, vraye marque et signal pour les dresser au chemin à eux tracé par leurs prédécesseurs, Sçavoir faisons que bien informez des louables qualités et vertus de nostre cher et bien amé Jacques Coton, seigneur de Chenevouz (1), et des bons et signalés services qu'il nous a rendus durant les guerres dernières, où il nous a assisté de sa personne et biens et couru souventes fois peril de sa vie, près et à la suite des gouverneurs et chefs de nos armées, en nos pays du Lyonnois, Forestz et Beaujolloys, mesmement de feu nostre très cher et bien amé cousin le seigneur d'Ornano, maréchal de France, marquis d'Urfé, s'est rendu au siège de Montrond, bloqueus de Montbrison, prinse de la ville de Feurs, sur nos ennemis et sur ce subject, ses maisons ruynées, pillées et ravagées, ses parents prisonniers de guerre, payé rançon, ses amis tués et assassinés et quelques siens domestiques, comme nos bons et fidèles subjects, pour ces raisons exécutés à mort, depuis la pacification des troubles, qu'il nous a servy fidèlement près la personne de feue nostre très chère et très amée sœur la duchesse de Bar jusques'à son décés, employé en ses plus importantes affaires et encore à la charge de cappitaine de la ville et chastellenie de Néronde et président en l'élection de Foretz, dont il s'est dignement acquitté avec contentement du publicq, suivant les vestiges de feu Guichard Coton, son père, vivant seigneur dud. Chenevouz, lequel nous avoit et à nos prédécesseurs rendu plusieurs bons et signalés services en paix et en guerre durant quarante-cinq ans, tant près la personne de feu seigneur d'Urfé, gouverneur des enfants de France, Jacques d'Urfé, son fils, gouverneur de Forestz et en

(1) *Chenevoux*, château situé dans la commune actuelle de Bussières, canton de Néronde (Loire).

quallité de secrétaire de la feue royne nostre très honorée dame et belle-mère, et en plusieurs autres charges et commissions pendant les règnes des feus roys Charles IX et Henry troisième, nos très honnorez seigneurs et frères que Dieu absolve, ayant lesdits père et fils tousjours vescus noblement, sans avoir jamais esté compris ni imposé ez rolles des tailles, n'ayant oncques faict acte dérogeant à noblesse, et mettant d'ailleurs en considération les bons et assidus services que nous rend le père Coton, nostre prédicateur ordinaire, confesseur et dévot orateur, son frère. Pour ces causes et aultres à ce nous mouvant, avons iceluy Jacques Coton, seigneur de Chenevouz et à ses enfants, postérité et lignée, males et femelles, nais ou à naistre en loyal mariage, annoblis et annoblissons de noz grace, spéciale, pleine puissance et auctorité royale et du tiltre, honneur et qualité de noblesse décoré et décorons, voulons et nous plaist que en tous lieux, faicts et actes, tant de guerre que aultres, ils soient doresnavant dicts, tenus, censés et réputés pour gentilshommes et no-bles, puissent porter le tiltre d'escuyer tant en jugement que dehors et aussy qu'ils jouissent et usent de tous honneurs, privilèges, franchises, libertés, exemptions et immunités, dont jouissent et ont accoustumé jouir les aultres nobles de nostre royaume, extraitz de noble et ancienne race, et comme ils puissent accepter tous honneurs, qualités et dignités, mesme-ment l'ordre de chevallerie, porter leurs armes timbrées, ils puissent ses-dits enfants et lignée acquérir, tenir et posséder fiefs, arrière fiefs, terres, seigneuries et possessions nobles et directes de quelque nom, tiltre et qualité qu'ils soient et qui leur pourront advenir par droit successif ou autrement, jouir et user plainement et paisiblement, tout ainsy que si d'an-cienneté, ils estoient extraits de noble lignée, sans qu'ils soient tenuz ou puissent être contrainctz, en vuider leurs mains, nous en payer ny à nos succcesseurs roys à l'advenir aucune finance pour les francs fiefs et nou-veaux acquetz, dont pour l'advenir nous les affranchissons, quittons et exemptons......

Donné à Paris, au moys d'avril l'an de grace mil six cent dix et de nostre règne le vingt-unième.

Signé: Henry. Et sur le repli: Par le roy, Phélipeaux.
Enregistré à la Cour des aides, le 16 mai 1612.

(Archives du Rhône, C., 424.)

TABLE ALPHABÉTIQUE

DES NOMS DE PERSONNES ET DE LIEUX

TABLE GÉNÉRALE DES MATIÈRES

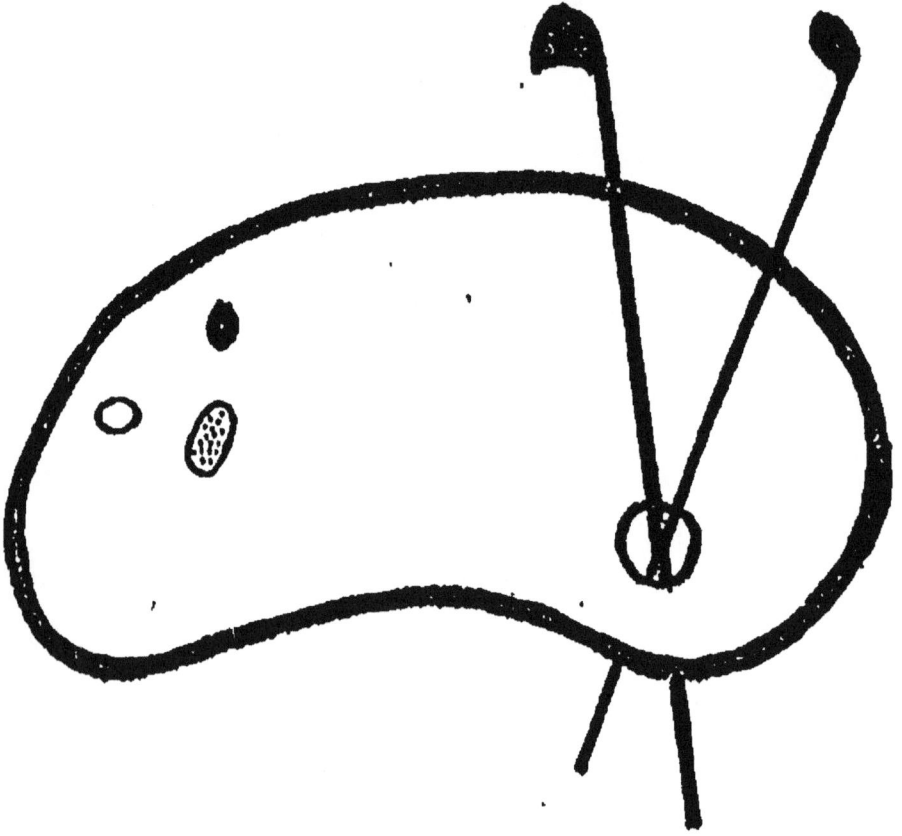

ORIGINAL EN COULEUR
NF Z 43-120-8